向你展示
肌肉运动之美
XIANGNI ZHANSHI JIROU YUNDONG ZHIMEI

王子安◎主编

汕头大学出版社

图书在版编目（CIP）数据

向你展示肌肉运动之美 / 王子安主编. -- 汕头：汕头大学出版社，2012.5（2024.1重印）
ISBN 978-7-5658-0767-1

Ⅰ. ①向… Ⅱ. ①王… Ⅲ. ①体育运动—普及读物 Ⅳ. ①G819-49

中国版本图书馆CIP数据核字(2012)第096722号

向你展示肌肉运动之美

主　　编	王子安
责任编辑	胡开祥
责任技编	黄东生
封面设计	君阅天下
出版发行	汕头大学出版社
	广东省汕头市汕头大学内　邮编：515063
电　　话	0754-82904613
印　　刷	三河市嵩川印刷有限公司
开　　本	710 mm×1000 mm　1/16
印　　张	16
字　　数	90千字
版　　次	2012年5月第1版
印　　次	2024年1月第2次印刷
定　　价	69.00元

ISBN 978-7-5658-0767-1

版权所有，翻版必究
如发现印装质量问题，请与承印厂联系退换

前　言

　　浩瀚的宇宙,神秘的地球,以及那些目前为止人类尚不足以弄明白的事物总是像磁铁般地吸引着有着强烈好奇心的人们。无论是年少的还是年长的,人们总是去不断的学习,为的是能更好地了解与我们生活息息相关的各种事物。身为二十一世纪新一代的青年,我们有责任也更有义务去学习、了解、研究我们所处的环境,这对青少年读者的学习和生活都有着很大的益处。这不仅可以丰富青少年读者的知识结构,而且还可以拓宽青少年读者的眼界。

　　中华民族传统体育是中国体育事业的重要组成部分,是中华民族宝贵的文化遗产。许多优秀的民族传统体育项目,不仅具有很强的健身价值,而且还有很高的艺术价值和丰富的娱乐、教育功能。体育是人类社会发展中,根据生产和生活的需要,遵循人体身心的发展规律,以身体练习为基本手段,达到增强体质,提高运动技术水平,进行思想品德教育,丰富社会文化生活而进行的一种有目的、有意识、有组织的社会活动,是伴随人类社会的发展而逐步建立和发展起来的一个专门的科学领域。本书讲述的是跟体育运动相关的知识,共分为八章。第一章介绍了体育盛会和国际体育奖项的相关知识;第二章介绍了田赛和径赛的相关知识;第三章介绍了各种球类运动的相关知识;第四章介绍了武术、摔跤等运动；第五章介绍了游泳、跳水、船艇等运动；第六章介绍了滑冰、滑雪、雪橇类运动；第七章介绍了赛车、体操等运动；第八章则介绍了医疗体育、大众体育、时尚体育、娱乐体育的相关知识。内容涵盖丰富，文字通俗易懂。具有很强的知识性。

综上所述，《向你展示肌肉运动之美》一书记载了体育知识中最精彩的部分，从实际出发，根据读者的阅读要求与阅读口味，为读者呈现最有可读性兼趣味性的内容，让读者更加方便地了解历史万物，从而扩大青少年读者的知识容量，提高青少年的知识层面，丰富读者的知识结构，引发读者对万物产生新思想、新概念，从而对世界万物有更加深入的认识。

此外，本书为了迎合广大青少年读者的阅读兴趣，还配有相应的图文解说与介绍，再加上简约、独具一格的版式设计，以及多元素色彩的内容编排，使本书的内容更加生动化、更有吸引力，使本来生趣盎然的知识内容变得更加新鲜亮丽，从而提高了读者在阅读时的感官效果，使读者零距离感受世界万物的深奥、亲身触摸社会历史的奥秘。在阅读本书的同时，青少年读者还可以轻松享受书中内容带来的愉悦，提升读者对万物的审美感，使读者更加热爱自然万物。

尽管本书在制作过程中力求精益求精，但是由于编者水平与时间的有限、仓促，使得本书难免会存在一些不足之处，敬请广大青少年读者予以见谅，并给予批评。希望本书能够成为广大青少年读者成长的良师益友，并使青少年读者的思想得到一定程度上的升华。

2012年7月

目　录
contents

第一章　生命在于运动
体　育……………………3　　国际体育奖项……………17
体育盛会…………………10

第二章　更高更快更强的追求
径　赛……………………23　　田　赛……………………40

第三章　转动世界的理想
三大球运动………………57　　其他球类运动……………81
三小球运动………………69

第四章　征服你我的挑战
中国武术类………………99　　摔跤类……………………128
日本竞技类………………120　　其他竞技类………………133

第五章　碧水蓝天里的浪漫

游泳类……………………149　　船艇类……………………163
跳水类……………………157　　其他类……………………168

第六章　冰天雪地中的激情

滑冰类……………………173　　雪橇类……………………188
滑雪类……………………181

第七章　竞技体育项目

自行车比赛………………193　　全　能……………………211
赛　车……………………197　　其他类……………………214
体　操……………………203

第八章　民间体育的风采

医疗体育…………………223　　时尚体育…………………232
大众体育…………………226　　娱乐体育…………………242

第一章 生命在于运动

向你展示肌肉运动之美

体育虽然有悠久的历史，然而"体育"一词却出现得较晚。在"体育"一词出现前，世界各国对体育这一活动过程的称谓都不相同。

体育一词，其英文本是physical education，指的是以身体活动为手段的教育，直译为身体的教育，简称为体育。在古希腊，游戏、角力、体操等都曾被列为教育内容。17~18世纪，在西方的教育中也加进了打猎、游泳、爬山、赛跑、跳跃等项活动，只是尚无统一的名称。十八世纪末，德国的古茨穆茨曾把这些活动分类、综合，统称为"体操"。进入十九世纪，一方面是德国形成了新的体操体系，并广泛传播于欧美各国；另一方面是相继出现了多种新的运动项目。在学校也逐渐开展了超出原来体操范围的更多的运动项目，建立起"体育是以身体活动为手段的教育"这一新概念。于是，在相当的一段时间里，"体操"和"体育"两个词并存，相互混用，直到二十世纪初才逐渐在世界范围内统一称为"体育"。

随着时代与人类观念的不断进步和社会与经济的持续发展，体育竞赛已演变成为今天的在高科技高投入的支撑下；在长期培养广泛选材和科学训练下；在严谨计划和周密组织下，所进行的具有强烈对抗性并具有显著观赏性的比赛活动。这一章，我们将为大家展示著名的体育竞赛与体育奖项。

第一章 生命在于运动

体 育

我国体育历史悠久，但"体育"却是一个外来词。它最早见于二十世纪初的清末，当时，我国有大批留学生东渡去日本求学，仅1901年至1906年间，就有13000多人，其中，学体育的就有很多，回国后，他们将"体育"一词引进到中国。

在我国，"体育"这个词最早见于1904年，在湖北幼稚园开办章程中提到对幼儿进行全面教育时说："保全身体之健旺，体育发达基地。"在1905年《湖南蒙养院教课说略》上也提到："体育功夫，体操发达其表，乐歌发达其里。"

在我国，最早创办的体育团体是1906年上海的"沪西士商体育会"。1907年，我国著名女革命家秋瑾在绍兴也创办了体育会。同年，清皇朝学部的奏折中也开始有"体育"这个词。辛亥革命以后，"体育"一词就逐渐运用开来。

"体育"一词在含义上也有一

秋瑾像

向你展示肌肉运动之美

个演化过程。它刚传入我国时，是指身体的教育，作为教育的一部分出现的，是一种与维持和发展身体的各种活动有关联的一种教育过程，与国际上理解的"体育"（physical education）是一致的。随着社会的进步和体育事业的不断发展，其目的和内容都大大超出了原来"体育"的范畴，体育的概念也出现了"广义"与"狭义"解释。当用于广义时，一般是指体育运动，其中包括了体育教育、竞技运动和身体锻炼三个方面；用于狭义时，一般是指体育教育。

近年来，不少学者对"体育"的概念提出了一些解释，但比较趋于一致的解释为："体育是以身体活动为媒介，以谋求个体身心健康、全面发展为直接目的，并以培养完善的社会公民为终极目标的一

运 动

种社会文化现象或教育过程"。体育的这一定义既说明了它的本质属性，又指出了它的归属范畴，同时也把自身从与其邻近或相似的社会现象中区别出来。但是，体育的概念并非是一成不变的，随着社会的发展和进步，我们对体育的认识也将有所发展。

第一章 生命在于运动

◆ **竞技体育**

竞技体育是指为了战胜对手，取得优异运动成绩，最大限度地发挥和提高个人、集体在体格、体能、心理及运动能力等方面的潜力所进行的科学的、系统的训练和竞赛。竞技体育包含运动训练和运动竞赛两种形式。其特点是：

投 掷

向你展示肌肉运动之美

（1）充分调动和发挥运动员的体力、智力、心理等方面的潜力；

（2）激烈的对抗性和竞赛性；

（3）参加者有充沛的体力和高超的技艺；

（4）按照统一的规则竞赛，具有国际性，成绩具有公认性；

（5）娱乐性。

当今世界所开展的竞技运动项目是社会历史的产物。远在公元前700多年的古希腊时代，就出现了赛跑、投掷、角力等项目，发展至今已有数百种之多。普遍开展的项目有田径、体操、篮球、排球、足球、乒乓球、羽毛球、举重、游泳、自行车等。除此之外，各国、各地区还有自己特殊的民族传统项目，如中华武术、东南亚地区的藤

传统民族体育

第一章 生命在于运动

球、卡巴迪等。竞技体育的发展与国家、地区的政治、经济、文化教育、科学技术密切相关。

◆ 娱乐体育

娱乐体育是指在余暇时间或特定时间所进行的一种以娱悦身心为目的的体育活动。其具有业余性、消遣性、文娱性等特点。娱乐体育的内容一般有球类游戏、活动性游戏、棋类以及传统民族体育活动等。按活动的组织方式可分为个人的、家庭的和集体的；按活动条件可分为室内的、室外的；按竞争性可分为竞赛性的和非竞赛性的；按经营方式可分为商业性的和非商业性的；按参加活动的方式可分为观赏性活动和运动性活动。开展娱乐性体育活动，有益于身心健康、陶冶情操、培养高尚品格。

◆ 大众体育

大众体育亦称"社会体育""群众体育"，是为了娱乐身心，增强体质，防治疾病和培养体育后备人才，在社会上广泛开展的体育活动的总称。大众体育包括职工体育、农民体育、社区体育、老年人体育、妇女体育、伤残人体育等。主要形式有锻炼小组、运动队、辅导站、体育之家、体育活动中心、体育俱乐部、棋社，以及个人自由体育锻炼等。开展群众体育活动应遵循因人、因地、因时制宜和业余、自愿、小型、多样、文明的原则。广泛开展群众性体育活动，是发挥体育的社会功能，提高民族素质和完成体育任务的重要途径。

◆ 医疗体育

医疗体育指运用体育手段治疗某些疾病与创伤，恢复和改善机体功能的一种医疗方法。与其他治疗方法相比，医疗体育的特点有：

（1）是一种主动疗法，要求

向你展示肌肉运动之美

思者主动参加治疗过程，通过锻炼治疗疾病；

（2）是一种全身治疗，通过神经、神经反射机制改善全身机能，达到增强体质，提高抵抗力的目的；

（3）是一种自然疗法，利用人类固有的自然功能（运动）作为治疗手段，一般不受时间、地点、设备条件的限制。通常采用医疗体操、慢跑、散步、自行车、气功、太极拳和特制的运动器械(如拉力器、自动跑台等)，以及日光浴、空气浴、水浴等为治疗手段。宜因人而异、持之以恒、循序渐进，并配合药物或手术治疗和心理疏导。两千多年前已用"导引""养生"作为防治疾病的手段，后又不断发展与提高，成为中国运动医学的重要组成部分。

慢跑

第一章　生命在于运动

◆ **体育的意义**

体育可以强身健体、娱乐，另外还有教育、政治、经济等功能。也可以说所处的历史阶段不同，体育就具有不同的功能，但是自从体育产生以来，强身健体及娱乐自始至终是体育的主要功能。

体育是一种复杂的社会文化现象，以身体活动为基本手段，增强体质、增进健康及其培养人的各种心理品质为目的。尤其是随着社会经济的发展，人们的生活水平得到了提高，人们对精神方面的需要高于对物质方面的需要。人们对于体育的认识不只限于强身健体的方面，更多地希望通过体育活动的参与得到更多的精神享受。例如，人们观看体育比赛，优美的体育动作、扣人心悬的竞赛等都给人们以美的享受，还有在比赛现场，随着比赛的进行，人们可以大声的叫喊，可以尽情的发泄自己的情感，使人们在精神上有一种轻松感。一次成功的射门，一个漂亮的投篮，随着快节奏的音乐跳健美操

伴着音乐的健美操

等，不只是健身，更重要的是给人们的一种快感、成就感和心情的舒畅感。这些都是体育带给人们精神方面的价值。生活水平越高，人们越是注重体育精神层面的价值。

另外，体育也有助于培养人们勇敢顽强的性格、超越自我的品质、迎接挑战的意志和承担风险的能力，有助于培养人们的竞争意识、协作精神和公平观念。一些体育活动和体育赛事对丰富人们的文化生活，弘扬集体主义、爱国主义精神，增强国家和民族的向心力、凝聚力，都有着不可缺少的作用。

体育盛会

◆ 奥运会

奥林匹克运动会简称"奥运会"，是一个由国际奥林匹克委员会主办的国际性综合运动会，包括夏季奥林匹克运动会、冬季奥林匹克运动会、青少年奥林匹克运动会、残疾人奥林匹克运动会、听障奥林匹克运动会和特殊奥林匹克运动会。奥林匹克运动会每四年举办一次（曾在两次世界大战中中断三次，分别为公元1916年、1940年和1944年），每届会期不超过16天。

奥林匹克运动会因起源于古希腊奥林匹亚（Olympia）而得名。古代奥运会从公元前776年到公元394年，共历经293届，后被罗马皇帝狄奥多西一世以邪教活动罪名而废止。1894年在巴黎召开的国际体育会议，根据法国贵族皮埃尔·德·顾拜旦（Pierre de

第一章　生命在于运动

Coubertin）的倡议成立了国际奥委会，并决定恢复奥运会。现代第一届奥运会于1896年在希腊雅典举行，此后在世界各地轮流举行。由于1924年开始设立了冬季奥林匹克运动会，因此奥林匹克运动会习惯上又称为"夏季奥林匹克运动会"。现在，奥林匹克运动会已经成为了和平与友谊的象征。

夏季奥运会比赛项目包括：田径、篮球、足球、摔跤、柔道、举重、射击、射箭、击剑、赛艇、马术、拳击、手球、网球、跆拳道、羽毛球、皮划艇、乒乓球、曲棍球、自行车、帆船帆板、体操、排球、游泳、铁人三项、现代五项。

冬季奥运会比赛项目包括：速度滑冰、短跑道速度滑冰、高山滑

击　剑

向你展示肌肉运动之美

雪、自由式滑雪、越野滑雪、北欧两项、跳台滑雪、现代冬季两项、雪撬、雪车、花样滑冰、冰壶、冰球、滑板滑雪。

奥林匹克会旗于1913年由顾拜旦亲自设计，长3米，宽2米。1914年为庆祝现代奥林匹克运动恢复20周年，在巴黎举行的奥林匹克代表大会上首次升起。1920年安特卫普奥运会正式采用。奥林匹克会旗上面是蓝黑红三环，下面是黄绿两环。五环代表五大洲的团结和全世界的运动员在奥林匹克运动会上相聚一堂。

奥运精神是"更高、更快、更强"。支撑和造就"更高、更快、更强"的是"自尊、自强、自信"。这既是奥运精神的原动力，更是奥运精神的境界升华。奥运会不仅是世界性的体育竞技比赛，而且象征着世界的和平、友谊和团结，这就是奥运精神。

1948年1月，国际奥委会在第42次全会上将每年的6月23日定为奥林匹克日，举行庆祝活动，纪念国际奥委会的诞生，宣传奥林匹克理想和推动普及运动。自1987年起，开始举行"奥林匹克日长跑"。

2008年8月8日至24日，第29届奥林匹克运动会在中国首都北京举行。中国拥有世界上五分之一人口、4亿青少年，奥林匹克理想和精神在这里得到了更广泛的普及和发展。同一个梦想"同一个世界，同一个梦想"（One World One Dream），集中体现了奥林匹克精神实质和普遍价值观——团结、友谊、进步、和谐、参与和梦想，表达了全世界在奥林匹克精神的感召下，追求人类美好未来共同愿望。尽管人类肤色不同、语言不同、种族不同，但我们共同分享奥林匹克魅力与欢乐，共同追求着"人类和平的理想"，我们同属一个世界，我们拥有同

第一章　生命在于运动

同一个世界，同一个梦想

样的希望和梦想。

奥林匹克精神强调对文化差异的容忍和理解，竞技运动的公平与公正。人人平等，实现更高、更快、更强的理想。正如已故美国著名黑人田径运动员杰西·欧文斯所说"在体育运动中，人们学到的不仅仅是比赛，还有尊重他人、生活伦理、如何度过自己的一生以及如何对待自己的同类。"

◆ **足球世界杯**

足球世界杯（World Cup）即国际足联世界杯，是世界上最高水平的足球赛事，与奥运会、F1并称全球顶级三大赛事。

1928年奥运会结束后，FIFA召开代表会议，一致通过决议，举办

13

向你展示肌肉运动之美

四年一次的世界足球锦标赛。这对于世界足球运动的进一步发展和提高起到了积极的推动作用。最初这个新的足球大赛称为"世界足球锦标赛"。1956年，FIFA在卢森堡召开的会议上，决定易名为"雷米特杯赛"。这是为表彰前国际足联主席法国人雷米特为足球运动所作出的成就。雷米特担任国际足联主席33年（1921—1954年），是世界足球锦标赛的发起者和组织者。后来，有人建议将两个名字联起来，称为"世界足球锦标赛——雷米特杯"。于是，在赫尔辛基会议上决定更名为"世界足球锦标赛——雷米特杯"，简称"世界杯"。

世界杯赛的奖杯是1928年FIFA为获胜者特制的奖品，是由巴黎著名首饰技师弗列尔铸造的。其模特是希腊传说中的胜利女神尼凯，她

卢森堡一景

第一章 生命在于运动

身着古罗马束腰长袍，双臂伸直，手中捧一只大杯。雕像由纯金铸成，重1800克，高30厘米，立在大理石底座上。此杯为流动奖品，谁得了冠军，可把金杯保存4年，到下一届杯赛前交还给国际足联，以便发给新的世界冠军。此外有一个附加规定是：谁三次获得世界冠军，谁将永远得到此杯。

1970年，第九届世界杯赛时，乌拉圭、意大利、巴西都已获得过两次冠军。因此都有永远占有此杯的机会，结果是巴西队捷足先得，占有了此杯。

为此，国际足联还得准备一个新奖杯，以发给下届冠军。1971年5月，国际足联举行新杯审议会，经过对53种方案评议后，决定采用意大利人加扎尼亚的设计方案——两个力士双手高擎地球的设计方案。这个造形象征着体育的威力和规模。新杯定名为"国际足联世界杯"。该杯高36厘米，重5公斤，当时价值2万美元。1974年第十届世界杯赛，西德队作为冠军第一次领取了新杯。这回，国际足联规定新杯为流动奖品，不论哪个队获得多少冠军，也不能占有此杯了。

◆ F1

F1是英文Formula 1 grand Prix的简称，即"一级方程式锦标赛"。目前这项比赛的正式全名为"FIA Formula 1 World Championship"一级方程式赛车世界锦标赛。格兰披治一级方程式大奖赛是目前世界上速度最快的、费用最昂贵、技术最高的比赛，也是方程式汽车赛中最高级别的比赛。

世界上首次举行赛车场上的赛车是1900年在法国的默伦。现代世界一级方程式锦标赛是于1950年在英国银石赛车场开始的，现在每年举行18场比赛，2004年中国上海参加了由国际汽车联合会安排比赛。

F1赛车最初的定义为"一种

向你展示肌肉运动之美

F1赛车

至少有四个不在一条线上的轮子的车辆，其中至少有两个轮子用于转向，至少有两个轮子用于驱动"。更为具体的定义则是指气缸容积3.5公升，约600马力，最高时速315公里的方程式赛车。这里的"方程式"取一定格式的含义，即严格规定赛车的重量、长、宽、轮胎的距离及大小等。在所有的方程式赛车中，一级方程式赛车是级别最高级的。

每辆F1赛车都是世界著名汽车厂家的精心杰作。一辆这种赛车的价值超过七百万美元，甚至不亚于一架小型飞机的价值。F1汽车大赛，不仅是赛车手勇气、驾驶技术和智慧的竞争，在其背后还进行着各大汽车公司之间科学技术的竞争。

所有参加F1大赛的车手，都是经过千挑万选的世界车坛的精英。

第一章 生命在于运动

根据FIA的有关规定，每年全世界能有资格驾驶世界F1赛车的车手不超过100名。所有驾驶F1赛车的选手，都必须持有FIA签发的"超级驾驶执照"，每年只有少数的优秀车手有资格参加决赛。

国际体育奖项

◆ 劳伦斯世界体育奖

一年一度的劳伦斯世界体育奖，由美国戴姆勒·克莱斯勒和里希蒙两家大公司于2000年创始，是全球唯一的体育奖大典。该奖项是用于表彰奖励在过去一年中表现突出的体育运动员的奖项，共分为年度最佳男运动员、年度最佳女运动员、年度最佳运动队、年度最佳新人、年度最佳复出、年度最佳残疾运动员、年度最佳替补运动员、终身成就奖和体育精神奖等10项。颁奖仪式将由世界上最顶尖的40个广播单位进行实况直播及转播，吸引来自165个国家、超过3亿的观众。

劳伦斯在拉丁语中的意思是桂冠，是世界体坛胜利的象征。由世界体育媒体评选团和劳伦斯世界体育学会选出得主的五个奖项分别为：劳伦斯年度最佳男运动员奖，劳伦斯年度最佳女运动员奖，劳伦斯年度最佳体育队伍奖，劳伦斯年度最佳新人奖，劳伦斯年度最佳复出运动员奖。由专家小组和劳伦斯世界体育学会选出得主的两个奖项分别为：劳伦斯年度最佳另类运动员奖和年度劳伦斯最佳残疾运动员奖。创始赞助方和劳伦斯世界体育学会还颁发另外两个奖项：劳伦斯终身成就奖和公益体育基金奖，以表彰那些通过体育为社会做出巨大贡献的人。

向你展示肌肉运动之美

劳伦斯奖不单纯是一个世界最优秀运动员的评选活动，还拥有劳伦斯体育公益基金会。该组织有选择地在世界范围内设立和开展社会公益项目，除每年给予各个项目四五万美元的资金支持，还请体育学院的宿将担任基金会的形象大使，利用他们的明星效应，激励走上邪路或处在困境中的青少年改邪归正和积极进取，帮助解决各种社会问题。基金会经常引用的一句话是南非前总统曼德拉的"体育拥有改变世界的力量"。

◆ **杰西·欧文斯奖**

美国男子田径运动员杰西·欧文斯生于1913年，卒于1980年。他的祖父是奴隶，父亲是一个小佃

南非前总统曼德拉

第一章　生命在于运动

农。在1935年的全美大学生运动会上，23岁的欧文斯以在45分钟内打破5项世界纪录、平1项世界纪录的惊人表现轰动体坛，其中他在跳远项目中创下的8.13米的世界纪录，直到25年后才被人打破。

1936年，在柏林第11届奥运会上，他在11万观众面前夺得100米、200米、跳远和4×100米接力4枚金牌。在100米比赛中，他在第一轮预赛中就平了当时的世界纪录，决赛中，欧文斯从起跑后就开始领先，到终点撞线时，他已经领先第二名、他的同胞梅特卡夫足足1米的距离。在跳远比赛中，差点没能获得决赛资格的欧文斯进入决赛后却赢得异常轻松，没有一名选手的成绩能够超过他三次成绩中的任何一个。随后，他又获得了200米的金牌。4天后，欧文斯作为第一棒站在了4×100米接力比赛的起跑线上，四个小伙子为本届奥运会增添了一个新的世界纪录，这个纪录保持了20年。

杰西·欧文斯奖杯

向你展示肌肉运动之美

奥运会后，欧文斯过着贫困的生活。为了生活，他曾和狗、马赛跑。欧文斯曾获奥林匹克银质勋章，1980年被欧洲、美国各体育报记者评为20世纪最佳运动员。为了纪念欧文斯对世界体育运动的贡献，美国体育机构以他的名字设立"杰西·欧文斯奖"，每年评选一次，奖给在田径运动中成绩卓著的各国运动员。

第二章

更高更快更強的追求

向你展示肌肉运动之美

　　田径运动是田赛和径赛的合称。它是一种结合了速度与能力，力量与技巧的综合性体育运动。"更高、更快、更强"的奥林匹克运动精神在很多方面都能够通过田径运动得到集中体现。

　　田赛主要指跑道内部进行的，像跳高、跳远、标枪之类的比赛项目。径赛主要指在跑道上完成的赛跑项目，它是人类在长期社会实践中逐步产生和发展起来的。

　　公元前3500年古埃及壁画上就有描绘田径运动的场景。据记载，最早的田径比赛，是公元前776年在希腊奥林匹克村举行的第一届古代奥运会上进行的，项目只有一个——短距离赛跑，跑道为一条直道，长192.27米。到公元前708年的第10届奥运会上，才正式列入了跳远、铁饼、标枪等田赛项目。当时只准男子参加，女子连观看也不行，违者处以死刑。

　　1894年，在英国举行了最早的现代田径运动国际比赛，比赛共分9个项目。真正的大型国际比赛是1896年开始举行的现代奥运会。它沿用古代奥运会每隔4年举行一次的制度，每届奥运会上，田径运动都是主要的比赛项目之一。从1928年第9届奥运会起，才增设了女子田径项目，此后，女子便参加了田径项目的比赛。

第二章　更高更快更强的追求

径　赛

◆ **短距离跑**

短跑是田径径赛项目中的一类，一般包括：50米跑、60米跑、100米跑、200米跑，400米跑，4×100米接力跑，4×400米接力跑等几项。

据史料记载，短跑是公元前776年古希腊奥运会惟一的竞技项目，距离为192.27米。现代短跑起源于欧洲，最早被列入正式比赛是在1850年的牛津大学运动会上，当时设有100码、330码、440码短

短距离跑

向你展示肌肉运动之美

跑项目。19世纪末，为规范项目设置，将赛跑距离由码制改为米制。初为职业选手的表演项目，后逐渐扩展到业余运动员。运动员比赛时必须使用起跑器，听信号统一起跑，必须自始至终在自己的跑道内跑动。奥运会比赛项目男、女均为100米跑、200米跑和400米跑，其中男子项目1896年列入，女子100米跑和200米跑1928年列入，400米跑1964年列入。

【历史见证的光辉】

追风少年

博尔特是牙买加短跑田径运动员，是目前世界男子100米短跑世界纪录及男子200米短跑世界纪录保持者，于2008年8月16日北京奥运上创出9.69秒100米新世界纪录，其后于8月20日创出19.30秒200米新世界纪

博尔特

第二章　更高更快更强的追求

录。8月20日这天,也是牙买加名将博尔特22岁生日,他以19秒30打破了美国名将迈克尔·约翰逊在1996年8月1日创造的19秒32的世界纪录夺冠,这也是博尔特在北京奥运会上创造的第二个世界纪录,从而成为继1984年美国名将卡尔·刘易斯之后,24年来首位在奥运会上包揽男子100米、200米金牌的选手,也是继1976年唐·夸里在蒙特利尔奥运会摘金后第二位赢得男子200米奥运冠军的牙买加籍选手。

竞技之颠

性别	项目	成绩	创造者	国籍	时间	地点	赛事
男	100米	9秒69(+1.7)	尤塞恩·博尔特	牙买加	2008.8.16	北京	第29届奥运会
男	200米	19秒30	尤塞恩·博尔特	牙买加	2008.8.20	北京	第29届奥运会
男	400米	43秒18	迈克尔·约翰逊	美国	1999.8.26	塞维利亚	第7届世界田径锦标赛
女	100米	10秒49(0.0)	格里菲斯·乔伊娜	美国	1988.7.16	印第安纳波利斯	
女	200米	21秒34(+1.3)	格里菲斯·乔伊娜	美国	1988.9.29	汉城	第24届奥运会
女	400米	47秒60	马里塔·科赫	前东德	1985.10.6	堪培拉	

◆ 中距离跑

　　中距离跑简称中跑,包括800米跑和1500米跑。中距离跑最初项目是880码跑和1英里跑,从19世纪中叶开始,880码跑和1英里跑项目逐渐被800米跑和1500米跑项目所替代。有的学者认为,中跑项目最早的正式比赛是1847年11月1日在英国伦敦举行的比赛,英国的利兰(John Leyland)以2分01秒的成

向你展示肌肉运动之美

绩获得800码跑冠军。原为职业选手的表演项目，后逐渐扩展到业余运动员。运动员比赛时不使用起跑器，听信号统一起跑。奥运会比赛项目男、女均为800米跑和1500米跑，其中男子项目1896年列入，女子800米跑1938年列入，1500米跑1972年列入。

中距离跑非常需要混合速度、力量和耐力。成功的运动员能全身心的投入比赛，也能够把精力放在关键的训练日上。成功完成这类运动项目，除了需要身体技能外，应付比赛中长时间高速度的跑。精神力量也是必不可少的。当你的身体以如此大的强度持续跑，感到非常痛苦时，你要用毅力跑下去。这种毅力是在训练中增强的。训练的目的不仅是获得比赛时需要的耐力，也是为了增比赛时坚持下去的信

中距离跑

第二章　更高更快更强的追求

心。在田径运动中，中距离跑是最富挑战性的运动项目之一，它需要足够强大的生理机能和顽强的拼搏精神。基于此，在挑选中距离跑运动员时，要确信运动员的工作态度和道德品质。如果挑选的运动员并不是真正热爱跑步或不喜欢艰苦的训练，他们是不会为之奋斗的。

【历史见证的光辉】

竞技之颠

性别	项目	成绩	创造者	国籍	时间	地点	赛事
男	800米	1分41秒11	威尔逊·基普凯特	丹麦	1997.8.24	苏黎世	国际田径大奖赛
男	1500米	3分26秒00	西查姆·埃尔·奎罗伊	摩洛哥	1998.7.14	罗马	国际田联黄金联赛罗马站
女	800米	1分53秒28	娅尔米拉·克拉托赫维洛娃	前捷克斯洛	1983.7.26	慕尼黑	国际田径赛
女	1500米	3分50秒46	曲云霞	中国	1993.9.11	北京	第7届全运会

◆ 长距离跑

长距离跑简称长跑，英文是long-distance running。长跑最初项目为3英里、6英里跑，从19世纪中叶开始，逐渐被5000米跑和10000米跑替代。据记载，现代最早的正式长跑比赛是1847年4月5日在英国伦敦举行的职业比赛，英国的杰克逊以32分35秒0的成绩夺得6英里跑冠军。奥运会比赛项目男、女均为5000米跑和10000米跑。男子项目1912年列入，女子5000米跑1996年列入，10000米跑1988年列入。

向你展示肌肉运动之美

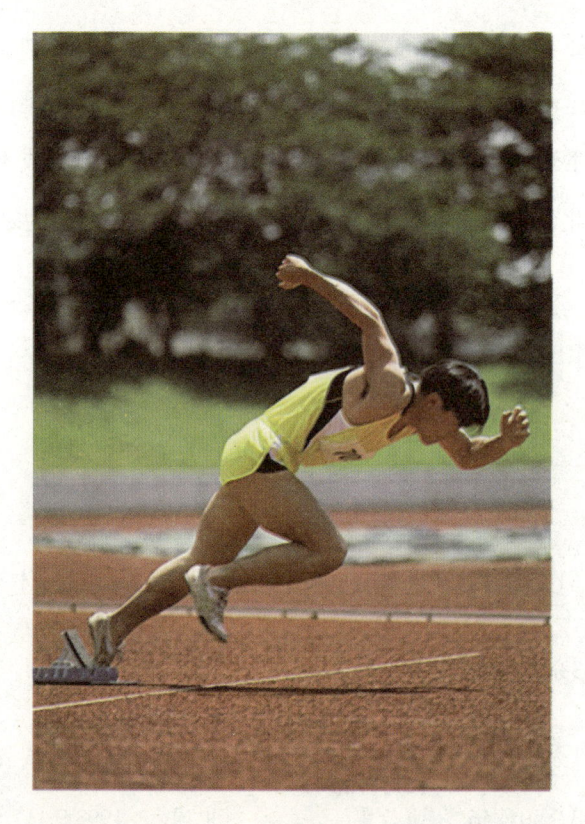

长距离跑

在人们日常生活中，长跑是对身体非常有益的体育项目，但是如果不掌握一些技巧，可能会让身体处于极其疲惫的状态，为此，北京青鸟健身教练周有勇告诉记者，长跑前一定要做好准备活动，跑步过程中掌握好呼吸是最关键的。

第二章　更高更快更强的追求

【历史见证的光辉】

东方神鹿

王军霞的体坛生涯,是一幅短暂而壮丽的画卷。上个世纪90年代,在短短几年中,她连续在世界田坛上创下了不少令人赞叹的奇迹。1993年,年仅20岁的王军霞参加了在德国斯图加特举行的世界锦标赛,并一举夺得了女子10000米的冠军。同年10月,她又在世界杯马拉松赛上夺冠。之后,在11月份获得了当年女子10000米亚洲冠军的头衔后,王军霞的价值再次得到了认可,被权威的体育月刊《Trac kand field News》评选为"年度最佳女运动员"。1994年对于她来说更是一个不平凡的年份,她不仅在10月份的广岛12届亚运会上打破亚运会纪录,以30分50秒34的成绩夺得了女子10000米冠军,更以其出色的表现和辉煌的成绩征

王军霞

29

服了国际田坛，成为第一个获得国际权威田径大奖——杰西·欧文斯奖的中国人、亚洲人。王军霞是在一届奥运会田径比赛中获得两枚奖牌的第一位中国选手，为此她赢得"东方神鹿"的美誉。

竞技之巅

性别	项目	成绩	创造者	国籍	时间	地点	赛事
男	5000米	12分37秒35	贝克勒	埃塞俄比亚	2004.5.31	荷兰	国际比赛
男	10000米	26分17秒53	贝克勒	埃塞俄比亚	2005.8.26	布鲁塞尔	国际田联黄金联赛
女	5000米	14分11秒15	蒂努内塞·迪巴巴	埃塞俄比亚	2008.6.8	奥斯陆	国际田联黄金联赛
女	10000米	29分31秒78	王军霞	中国	1993.9.8	北京	第7届全运会

◆ 跨　栏

跨栏跑是在一定距离内，跨过规定的高度和数量的栏架、技术性较强的短跑项目。国际比赛男子为110米高栏，栏高106厘米，栏数10个；女子为100米低栏，栏高84厘米，栏数10个。

跨栏跑运动起源于英国。17至18世纪时，英国一些地区畜牧业相当发达，牧民们经常需跨越畜栏，追赶逃跑的牲畜。节日里，一些喜爱热闹的年轻牧民还常常举行跳越羊圈的游戏，他们把栅栏搬到平地上，设若干个高矮和羊圈相仿的障碍，看谁能跑在最前面，这就是跨栏赛的雏形。

18世纪末，这项活动正式成为体育运动项目。当时人们把它叫做障碍跑，属于男子运动项目，设置的障碍物是一般的栅栏，后来出现了埋在地上的木栏架，再后来又改为类似锯木材用的支架。

第二章　更高更快更强的追求

19世纪初，出现了可移动的"⊥"形栏架，推动了跨栏技术的发展。1935年比赛中又出现了"L"形栏架，栏板只要受4公斤的冲撞力量，就会向前翻倒。"L"形结构较为合理和安全，一直沿用至今。

中国选手刘翔在2004年雅典奥运会追平了沉睡13年的纪录——12秒91，后来在国际田联超级大奖赛洛桑站他又打破了这个纪录，获得了12秒88的好成绩。这是中国人的骄傲！最新世界纪录是12秒87，由古巴人罗伯斯于2008年6月12日制造。

跨　栏

【历史见证的光辉】

东方飞人

刘翔是中国运动员的骄傲，他在雅典奥运会上以12秒91的成绩平了由英国名将科林-杰克逊保持的世界纪录。这枚金牌是中国男选手在奥运

向你展示肌肉运动之美

会上夺得的第一枚田径金牌，书写了中国田径新的历史！

刘翔被认为是国内最出色的运动员之一。曾获奖项包括一枚奥运会金牌（2004雅典）、六枚世锦赛奖牌和两枚亚运会金牌，并曾打破世界纪录（成绩12秒88），是110米栏史上第一位同时集奥运会冠军、世锦赛冠军、世界纪录（现已被破）于一身的选手。

竞技之巅

性别	项目	成绩	创造者	国籍	时间	地点	赛事
男	110米栏	12秒87	罗伯斯	古巴	2008.6.12	捷·俄斯特拉发	田径大奖赛
男	400米栏	46秒78	凯文·扬	美国	1992.8.6	巴塞罗那	第25届奥运会
女	100米栏	12秒21(+0.7)	约丹卡·东科娃	保加利亚	1988.8.20	旧扎格拉市	
女	400米栏	52秒34	尤里娅·佩奇昂基娜	俄罗斯	2003.8.8	图拉	俄罗斯田径锦标赛

◆ 接力跑

接力跑是田径运动中惟一的集体项目。以队为单位，每队4人，每人跑相同距离。其起源有多种说法，有的认为起源于古代奥运会祭祀仪式中的火炬传递，有的认为与非洲盛行的"搬运木料"或"搬运水坛"游戏有关，也有的认为是从传递信件文书的邮驿演变而来。

奥运会比赛项目分男、女4×100米接力跑和4×400米接力跑。1908年，第4届奥运会首次设立接力项目，但4名运动员所跑距离不等。1912年，第5届奥运会改

第二章　更高更快更强的追求

接力跑

设4×100米接力跑和4×400米接力跑。女子4×100米接力跑和4×400米接力跑分别于1928年、1972年被列入奥运会比赛项目。接力跑运动员必须持棒跑完各自规定的距离，并且必须在20米的接力区内完成传接棒。

【历史见证的光辉】

竞技之巅

性别	项目	成绩	创造者	国籍	时间	地点	赛事
男	4×100米接力	37秒10	卡特、弗雷特、博尔特、鲍威尔	牙买加	2008.8.22	北京	第29届奥运会
男	4×400米接力	2分54秒20	杨、佩拂格瑞、华盛顿、约翰逊	美国	1998.7.22	纽约	友好运动会
女	4×100米接力	41秒37	西尔克·格拉迪施、萨宾·里格尔、英格里德·奥斯瓦尔德、玛莉斯·格尔	前东德	1985.10.6	堪培拉	
女	4×400米接力	3分15秒17	莱多夫丝卡娅、娜扎罗娃、彼尼基娜、布赖兹基娜	前苏联	1988.10.1	汉城	第24届奥运会

◆ **障碍跑**

障碍跑19世纪在英国兴起。最初在野外进行，跨越的障碍是树枝、河沟，各障碍间的距离也长短不一，19世纪中叶开始在跑道上进行。有的研究报告指出，19世纪时障碍跑的距离不统一，具有很大的随意性，短的440码，长的可达3英里。

1900年第2届奥运会首次设立障碍跑，分2500米和4000米两个项目。从1904年第3届奥运会起将障碍跑的距离确定为3000米，并沿用至今。女子障碍跑开展很晚，国际田联1997年才开始推广。全程必须跨越35次障碍，其中包括7次水

第二章　更高更快更强的追求

障碍跑

池。障碍架高91.1~91.7厘米，宽3.96米，重80~100公斤。400米的跑道可摆放5个障碍架，各障碍架的间距为80米。运动员可跨越障碍架，也可踏上障碍架再跳下，或用手撑越。国际田联直到1954年才开始承认其世界纪录。

【历史见证的光辉】

竞技之巅

性别	项目	成绩	创造者	国籍	时间	地点	赛事
男	3000米障碍	7分53秒64	沙希恩	卡塔尔	2004.9.3	布鲁塞尔	国际田联黄金联赛
女	3000米障碍	8分58秒81	萨米托娃	俄罗斯	2008.8.17	北京	第29届奥运会

◆ 马拉松

马拉松原为希腊的一个地名。公元前490年，希腊军队在马拉松平原击退波斯军队的入侵。传令兵菲迪皮德斯（Pheidippides）从马拉松跑到雅典城，在报告胜利的消息后，因体力衰竭倒地而亡。1896年举行首届奥运会时，顾拜旦采纳了历史学家布莱尔（Michel Breal）以这一史事设立一个比赛项目的建设，并定名为"马拉松"。比赛沿用当年菲迪皮德斯所跑的路线，距离约为40公里。此后十几年，马拉松跑的距离一直保持在40公里左右。1908年第4届奥运会在伦敦举行时，为方便英国王室人员观看马拉松赛，特意将起点设在温莎宫的阳台下，终点设在奥林匹克运动场内，起点到终点的距离经丈量为26英里385码，折合成42.195公里。国际田联后来将该距离确定为马拉松跑的标准距离。女子马拉松开展较晚，1984年才被列入第23届奥运会。

第二章　更高更快更强的追求

　　1896年首届奥运会后，马拉松赛在世界各地广泛举行，美国从1897年起举行波士顿马拉松赛，至2000年已举办了104届，成为世界上历史最悠久的马拉松赛。马拉松在公路上举行，可采用起、终点在同一地点的往返路线或起、终点不在同一地点的单程路线。比赛时，沿途必须摆放标有已跑距离的公里牌，并要每隔5公里设一个饮料站提供饮料，两个饮料站之间设一个用水站，提供饮水或用水。赛前需经身体健康检查，合格者方可报名参加比赛。因比赛路线、条件差异较大，故国际田联不设世界纪录，只公布世界最好成绩。

马拉松

【历史见证的光辉】

赤脚大仙

　　1932年8月7日，阿贝贝·比基拉出生在埃塞俄比亚的斯亚贝巴附近

向你展示肌肉运动之美

的农村。因家境贫寒,他总是跑步到离家几公里外的学校上学。

1960年9月10日,比墓拉以2小时15分16秒2的成绩打破了男子马拉松跑的世界纪录并获金牌,成为非洲第一位夺得奥运金牌的运动员。比基拉因赤脚参赛而得到了"赤脚大仙"的美称。1964年的东京奥运会前,比基拉做了阑尾切除手术,体力受到严重影响,人们普遍认为比基拉参赛已属勉强,要想夺魁则更难。但他在比赛中以坚定的信仰和顽强的意志又一次打破了世界纪录,蝉联奥运会马拉松冠军。

1987年,国际田联庆祝成立七十五周年之际,将他1964年东京奥运会蝉联的马拉松冠军,评选为世界田坛七十五年来"一百个金色时刻"之一。

◆ 竞 走

竞走是从日常行走的基础上发展出来的运动,规则规定支撑腿必须伸直,从单脚支撑过渡到双脚支撑,在摆动腿的脚跟接触地面前,后蹬腿的脚尖不得离开地面,以确保没有出现"腾空"的现象,而这也是竞走与跑步的主要分别。

竞走起源于英国。19世纪初,英国出现步行比赛的活动。19世纪末,部分欧洲国家盛行从一个城市到另一个城市的竞走旅行。1866年,英国业余体育俱乐部举行首次冠军赛,距离为7英里。竞走分场地竞走和公路竞走两种。场地竞走设世界纪录;公路竞走因路面起伏等不可控因素较多,成绩可比性差,故仅设世界最好成绩。运动员行进时,两脚必须与地面保持不间断接触,不准同时腾空,着地的支撑腿膝关节应有一瞬间的伸直,不得弯曲。比赛时,运动员出现腾空或膝关节

第二章　更高更快更强的追求

竞　走

弯曲，均给予严重警告，受3次严重警告即取消比赛资格。1908年首次进入奥运会，当时的距离是3500米和10英里。此后几届奥运会距离有所不同，有过3000米、10公里等，从1956年奥运会起定为20公里(1956年列入)、50公里(1932年列入)。女子竞走于1992年才被列入奥运会，距离为10公里，2000年奥运会将改为20公里。

【历史见证的光辉】

竞技之颠

性别	项目	成绩	创造者	国籍	时间	地点	赛事
男	20公里竞走	1小时16分43秒	谢尔盖·莫洛佐夫	俄罗斯	2008.6.8	萨兰斯克	全国锦标赛
男	50公里竞走	3小时34分13秒	尼泽戈罗托夫	澳大利亚	2008.5.11	切博克萨里	第23届世界杯竞走赛
女	10公里竞走	41分04秒	叶琳娜·尼科拉耶娃	俄罗斯	1996.4.20	阿德勒	全国竞走锦标赛
女	20公里竞走	1小时25分11秒	奥尔加·卡尼斯基娜	俄罗斯	2008.2.23	阿德列尔	全国田径锦标赛

田　赛

◆ 跳　高

跳高起源于古代人类在生活和劳动中越过垂直障碍的活动。现代跳高始于欧洲。18世纪末苏格兰已有跳高比赛，19世纪60年代开始流行于欧美国家。1827年9月26日在英国圣罗兰·博德尔俱乐部举行的首届职业田径比赛中，威尔逊（Adam Wilson）屈膝团身跳越1.575米，这是第一个有记载的世界跳高

第二章　更高更快更强的追求

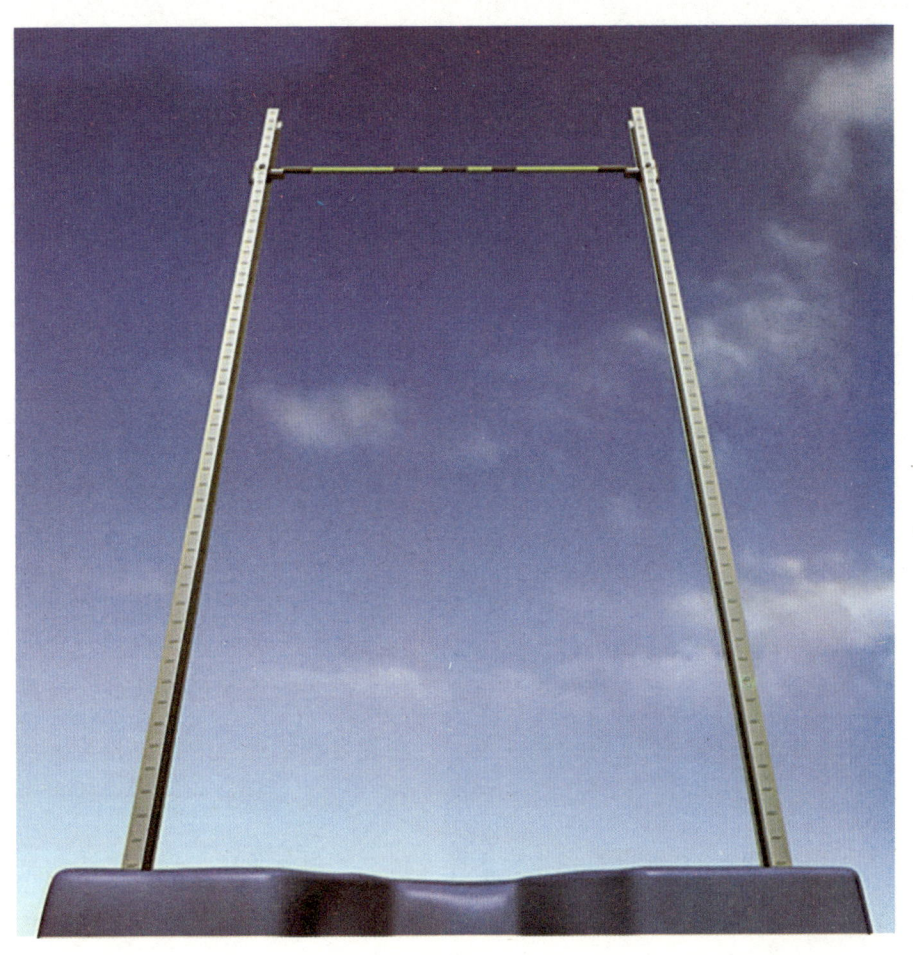

跳高

成绩。

　　跳高有跨越式、剪式、俯卧式、背越式等过杆技术，现绝大多数运动员都采用背越式。跳高横杆可用玻璃纤维、金属或其他适宜材料制成，长3.98～4.02米，最大重量2公斤。比赛时，运动员必须用单脚起跳，可以在规定的任一起跳高度上试跳，但第一高度只有3次试跳机会。男、女跳高分别于1896年、1928年被列为奥运会比赛项目。目前，古巴的索托马约尔保持

室外世界跳高纪录2.45米和室内世界跳高纪录2.43米，保加利亚的科斯塔迪诺娃保持室外世界跳高纪录2.09米，德国的亨克尔保持室内世界跳高纪录2.07米。

【历史见证的光辉】

跳高之王

1967年10月13日，索托马约尔出生于古巴的马坦萨斯省，从小喜爱田径运动。1977年他开始从事全能训练，由于跳高成绩突出，1982年他转入跳高训练。索托马约尔腿长、速度快、爆发力强、灵敏性好，助跑和起跳技术合理，是难得的跳高天才。在著名教练达亚的悉心指导下，他的运动成绩直线上升。

1988年9月8日他以2.43米的优异成绩，首创男子跳高世界纪录，是继1960年美国运动员托马斯创造世界纪录28年来，第二位打破男子跳高世界纪录的黑人选手。这一年他在22场比赛中有21场跳过2.30米以上的高度，其中2.38米一次、2.35米三次。由于古巴抵制汉城奥运会，他失去了夺取奥运金牌的机会。

1989年7月29日，索托马约尔以2.44米的成绩第二次创造世界纪录。同年，他还获第5届世界杯田径赛第三名。1991年他以2.36米获第3届世界田径锦标赛银牌。1992年他首次参加第25届奥运会，以2.34米的成绩摘得金牌。1993年，26岁的索托马约尔以2.45米再创男子跳高世界纪

第二章　更高更快更强的追求

录,并在第4届世界田径锦标赛上以2.40米的成绩折桂,被世界称誉为"跳高之王"。

竞技之巅

性别	项目	成绩	创造者	国籍	时间	地点	赛事
男	跳高	2米45	哈维尔·索托马约尔	古巴	1993.7.27	萨拉曼卡	国际田径赛
女	跳高	2米09	斯特夫卡·科斯塔迪诺娃	保加利亚	1987.8.30	罗马	第2届世界田径锦标赛

◆ 撑杆跳高

撑杆跳高是运动员借助竿子支撑和弹力,以悬垂、摆体和举腿、引体等竿上动作使身体越过一定高度的运动。撑竿跳高的历史长久,早于古代,人类就利用长矛、木棍等长形物以撑过河流等障碍物。据记载,在公元554年的爱尔兰就有撑越过河的游戏,至今犹在举行。撑竿跳高原为体操项目,18世纪作为锻炼身体的手段,流行于德国学校,后来渐渐广泛。

德国人F·布斯歇于1789年创造1.83米的成绩,这是目前世界上

撑竿跳高

有据可查的最早成绩。作为田径运动项目首先在英国开展，1843年4月17日英国职业选手罗珀（John Roper）在彭里斯越过2.44米。1866年，英格兰的惠勒跳过3.05米的高度。19世纪末撑竿跳高开始流行于欧洲国家。男子撑杆跳自1896年的第1届奥运会即列为正式比赛项目。2000年女子撑杆跳成为奥运会正式比赛项目。

【历史见证的光辉】

撑杆跳高女皇

2008年8月18日，俄罗斯选手伊辛巴耶娃在北京奥运会女子撑杆跳高决赛中以5米05的成绩夺得金牌并创造新的世界纪录。这已经是她第24次打破该项目世界纪录了，没有谁知道这个数字还会被累加多少。

"我相信我有我非凡的一面，但是我从来都拒绝回答关于我的极限。我现在很年轻，我希望一直跳到35岁，那样我会跳得更高！"伊辛巴耶娃以一厘米为单位，不断地

俄罗斯伊辛巴耶娃

第二章　更高更快更强的追求

从这项运动中汲取乐趣，同时获得切实利益。如今，单是她破世界纪录的奖金，已达到50万美元，此外还有50万美元的其他奖金收入以及巨额的广告收入。在用比赛揽钱方面，田径运动员中无人能出其右。

"天空是我不断挑战的极限，我想我很快会向5米10发起冲击的。"这个距离天空最近的女人，无忧无虑地在属于她的高度自由飞翔。

竞技之颠

性别	项目	成绩	创造者	国籍	时间	地点	赛事
男	撑杆跳高	6米14	谢尔盖·布勃卡	乌克兰	1994.7.31	塞斯特列雷	国际田径赛
女	撑杆跳高	5米05	伊辛巴耶娃	俄罗斯	2008.8.18	北京	第29届奥运会

◆ 跳　远

跳远源于人类猎取或逃避野兽时跨越河沟等活动，后成为军事训练的手段。为公元前708年古代奥运会五项全能项目之一。现代跳远运动始于英国，1827年9月26日在英国圣罗兰·博德尔俱乐部举行的第一次职业田径比赛中，威尔逊越过5.41米的远度，这是第一个有记载的世界跳远成绩。

跳远的腾空动作有蹲距式、挺身式和走步式。20世纪70年代出现前空翻跳远，因危险性大，被国际田联禁用。最初运动员是在地面起跳，1886年开始采用起跳板。起跳板白色，埋入地下，与地面齐平，长1.22米，宽20厘米，距沙坑近端不少于1米。起跳板前有起跳线，起跳线前有用于判断运动员起跳是否犯规的橡皮泥显示板或沙台。运动员必须在起跳线后起跳。比赛时，如运动员不足

向你展示肌肉运动之美

跳远

8人，每人可试跳6次，超过8人，则先试跳3次，8名成绩最好的运动员再试跳3次。以运动员6次试跳的最好成绩排列名次。男、女跳远分别于1896年和1948年被列为奥运会比赛项目。

◆ 三级跳远

三级跳远是在助跑以后沿直线连续进行三次跳跃的一项运动。由于这项运动使下肢的负担很大，所以对身体素质的要求比其他项目要高一些。它要求运动员有快速的助跑速度和良好的弹跳力，以及强大的腿部力量。

三级跳远起源于18世纪中叶的苏格兰和爱尔兰，两者跳法不同。苏格兰采用单足跳、跨步

第二章　更高更快更强的追求

三级跳远

跳、跳跃，而爱尔兰用的是单足跳、单足跳、跳跃。现规定必须使用苏格兰跳法。最早的正式比赛可以追溯到1826年3月17日首次举行的苏格兰地区运动会，比蒂(Andre Beattie)创造了12.95米的第一个纪录。比赛时，运动员助跑后应连续作3次不同形式的跳跃，第一跳为单足跳，用起跳腿落地；第二跳为跨步跳，用摆动腿落地；第三跳为跳跃，必须用双脚落入沙坑。男子三级跳远于1896年被列为首届奥运会比赛项目，女子三级跳远于20世纪80年代初逐渐广泛开展，1992年被列为奥运会比赛项目。

47

向你展示肌肉运动之美

【历史见证的光辉】

竞技之巅

性别	项目	成绩	创造者	国籍	时间	地点	赛事
男	三级跳远	18米29(+1.3)	埃德沃兹	英国	1995.8.30	哥德堡	第5届世界田径锦标赛
女	三级跳远	15米50(+0.9)	因尼萨·克拉维茨	乌克兰	1995.8.10	哥德堡	第5届世界田径锦标赛

◆ 铅球

铅球起源于古代人类用石块猎取禽兽或防御攻击的活动。现代推铅球始于14世纪40年代欧洲炮兵闲暇期间推掷炮弹的游戏和比赛，后逐渐形成体育运动项目。铅球的制作经历了用铁、铅以及外铁内铅的过程。正式比赛男子铅球的重量为7.26公斤，直径11～13厘米；女子铅球的重量为4公斤，直径为9.5～11厘米。早期推铅球没有固定的方式，可以原

铅球

第二章　更高更快更强的追求

地推，也可以助跑推；可以单手推，也可以双手推；还出现过按体重分级别的比赛。最初采用原地推铅球技术，后逐渐发展到侧向推、上步侧向推。

20世纪50年代，美国运动员奥布赖恩发明背向滑步推铅球技术，该技术被称为"铅球史上的一场革命"。70年代，苏联运动员巴雷什尼科夫发明旋转推铅球技术，由于旋转后难以控制身体平衡，至今只有极少数运动员使用。比赛时，运动员应在直径2.135米的圈内，用单手将球从肩上推出，铅球必须落在落地区角度线以内方为有效。男、女铅球分别于1896年和1948年被列为奥运会比赛项目。

【历史见证的光辉】

竞技之巅

性别	项目	成绩	创造者	国籍	时间	地点
男	铅球	23米12	兰迪·巴恩斯	美国	1990.5.20	洛杉矶
女	铅球	22米63	纳塔利娅·利索夫斯卡娅	前苏联	1987.6.7	莫斯科

◆ 铁　饼

铁饼起源于公元前12世纪至前8世纪三希腊人投掷石片的活动。公元前708年，第18届奥运会将其列为五项全能项目之一。铁饼最初为盘形石块，后逐渐采用铜、铁等金属制作。现代奥运会史上，曾有过双手掷铁饼的比赛项目(左手+右

向你展示肌肉运动之美

手）。掷铁饼技术经历过原地投、侧向原地投、侧向旋转投、背向旋转投几个发展过程。铁饼可用木料或其他适宜材料制作，男子铁饼重2公斤，直径22厘米；女子铁饼重公斤，直径18.1厘米。比赛时，运动员应该在直径2.50米的圈内将饼掷出，铁饼必须落在40度的角度线内方为有效。

世界上第一个男子掷铁饼的正式成绩是1896年在第一届奥运会上创造的，成绩是29.13米（铁饼重量不详）。以后年年都有提高，现在的世界男子掷铁饼纪录已提高到74.08米。女子掷铁饼在1928年第九届奥运会上才被列为正式比赛项目，当时的成绩是39.62米。1952年有人用新的背向旋转投掷方式取得了很好的效果，并以57.04米的成绩创造了当时的世界纪录，引起了世界各国掷铁饼运动员和教练员的重视。

铁 饼

第二章 更高更快更强的追求

事物在不断发展，运动成绩在不断提高，1988年女子掷铁饼的世界纪录已提高到76.80米。

【历史见证的光辉】

竞技之颠

性别	项目	成绩	创造者	国籍	时间	地点
男	铁饼	74米08	丁尔根·舒尔特	前东德	1986.6.6	新勃兰登堡
女	铁饼	76米80	加布里尔·赖因施	前东德	1988.7.9	新勃兰登堡

◆ 链 球

链球起源于中世纪苏格兰矿工在劳动之余用带木柄的生产工具铁锤进行的掷远比赛，后逐渐在英国流行。链球的英语词意即铁锤。19世纪后期，链球成为英国牛津大学和剑桥大学运动会的比赛项目。当时使用的器械是将木柄的铁球，后为便于投掷，将木柄改为钢链，链球由此而来。掷链球最初采用原地投，后逐渐改进为侧向投、旋转一圈投、两圈投、三圈投，现运动员多采用四圈投。男子链球重7.26公斤，总长117.5～121.5厘米，女子链球重4公斤，总长116.0～119.5厘米。比赛时，运动员必须在直径2.135米的圈内用双手将球掷出，链球必须落在40度的角度线内方为有效。圈外有U形护笼，确保投掷安全。男子链球于1900年被列为奥运会比赛项目，女子链球将于2000年列入。

掷链球的运动员最初都是些身体高大的人，大多是单纯用力量进行投掷，以后，随着体育科学的发展，运动技术的不断完善和训练方

向你展示肌肉运动之美

链球

法的改进，投掷链球的技术便向着加快速度方面发展。近年来，投掷方法又有较大的突破，出现了旋转四圈投掷的技术。这就加快了链球出手的速度，提高了运动成绩，目前世界纪录已达86.74米。

第二章　更高更快更强的追求

【历史见证的光辉】

竞技之巅

性别	项目	成绩	创造者	国籍	时间	地点	赛事
男	链球	86米74	尤里·谢迪赫	前苏联	1986.8.30	斯图加特	
女	链球	78米67	莱森科	俄罗斯	2007.5.26	索契	俄罗斯国内比赛

◆ 标　枪

　　标枪起源于古代人类用长矛猎取野兽的活动，后长矛又发展成为作战的兵器。公元前708年被列为第18届古代奥运会五项全能之一。现代标枪运动始于19世纪的瑞典、希腊、匈牙利和芬兰等欧洲国家。

　　1792年瑞典的法隆开始举行标枪比赛。最初运动员使用的木制标枪前后一样粗，20世纪50年代初，美国标枪运动员赫尔德（Franklin Held）研究出两端细、

标　枪

向你展示肌肉运动之美

中间粗的木制标枪,延长了标枪在空中飞行的时间,因而被称为"滑翔标枪"。六十年代瑞典制造出金属标枪,使标枪的滑翔性能更强,大幅度提高了运动成绩。1984年民主德国运动员霍恩(Uwe Hohn)以104.80米的成绩打破世界纪录。国际田联为保证看台观众的安全,1986年将男子标枪重心向枪尖方向前移4厘米,以降低飞行性能,1999年又将女子标枪重心向枪尖方向前移3厘米。

标枪可用金属或其他适宜的类似材料制作。男子标枪重800克,长260~270厘米;女子标枪重600克,长220~230厘米。比赛时,运动员必须单手将标枪从肩上方掷出,枪尖必须落在投掷区角度线内方为有效。男、女标枪分别于1908年和1932年被列为奥运会比赛项目。

【历史见证的光辉】

竞技之巅

性别	项目	成绩	创造者	国籍	时间	地点	赛事
男	标枪	98米48	扬·泽莱兹尼	前捷克斯洛伐克	1996.5.26	耶拿	"奥林匹克日"田径赛
女	标枪	71米70	奥斯莱迪斯·梅嫩德斯	古巴	2005.8.14	赫尔辛基	第10届世界田径锦标赛

第三章

转动世界的理想

向你展示肌肉运动之美

　　球指球形的体育用品，球类运动包括手球、篮球、足球、排球、羽毛球、网球、高尔夫球、冰球、沙滩排球、棒球、垒球、藤球、毽球、乒乓球、台球、鞠蹴、板球、壁球、沙壶、冰壶、克郎球、橄榄球、曲棍球、水球、马球、保龄球、健身球、门球、弹球等。

　　被称为"世界第一运动"的现代足球起源于英国，是当今世界上开展最广、影响最大的体育项目之一，不少国家将足球定为"国球"；篮球是以投篮为中心的对抗性体育运动之一，1892年1月，为美国马萨诸塞州菲尔德基督教青年会训练学校教师詹姆士·奈斯密斯博士所创，后逐步改善成为现代的篮球运动；排球运动自1895年创始以来，迄今已有一百年的历史。排球从开始仅仅是少数人的一种游戏、娱乐的手段，发展到今天已成为遍及世界五大洲，为广大群众所喜闻乐见的体育运动项目之一。这就是世界上著名的三大球运动，那么除三大球、三小球运动之外，我们将为大家展示更多丰富多彩的球类运动。

第三章　转动世界的理想

三大球运动

◆ 足　球

足球运动是以脚支配球为主，两个队在同一场地内进行攻守的体育运动项目。足球运动是世界上最受人们喜爱、开展最广泛、影响最大的体育运动项目，被誉为"世界第一运动"。

足球运动是一项古老的体育活

足　球

向你展示肌肉运动之美

动，源远流长。最早起源于我国古代的一种球类游戏"蹴鞠"，后来经过阿拉伯人传到欧洲，发展成现代足球。所以说，足球的故乡是中国。据说，希腊人和罗马人在中世纪以前就已经从事一种足球游戏了。他们在一个长方形场地上，将球放在中间的白线上，用脚把球踢滚到对方场地上，当时称这种游戏为"哈巴斯托姆"。而现代足球起源地是在英国，是来源于12世纪前后他们和丹麦发生了一场战争，战争结束后英国人看到地上有丹麦士兵的人头，由于英国对丹麦士兵非常痛恨，便踢起了那人头。到19世纪初叶，足球运动在当时欧洲及拉美一些国家，特别是在资本主义的英国已经相当盛行。1863年，第一份正式的足球比赛规则在英国创立，这也标志着现代足球运动的诞生。

【历史见证的光辉】

球王贝利

贝利(Pele)，足球上帝，"球王"。无论哪个名字，他给人们留下的印象是一样的：震惊世界的超级巨星，打破记录的足球偶像。每一次触球，每一记传球，每一回盘球，贝利总能为球迷带来一些前所未有的镜头。凭借对射门良机的敏锐本能，洞察绝妙传球的犀利目光和传奇般的盘球技艺，贝利正是最优秀的足球运动员。如果桑托斯队在全世界诸多球迷眼前上演这一"完美游戏"的话，这主要还是归功于他们著名的10号。

第三章　转动世界的理想

贝利的确是位传奇人物，在他卓越而漫长的职业生涯中，他的战绩确实显赫。1969年在马拉卡纳（Maracana）体育场疯狂的球迷眼前他攻入自己第1000粒入球。一场比赛攻入5个球的情况不少于6次；4个球的情况有30次；而帽子戏法有92次！1964年一次与不幸的博塔福格(Botafogo）对阵，他攻入8粒入球！仔细算来，这位天才在1363场比赛中攻入1281粒入球，共参加了92场国际大赛。1999年被国际奥运委员会（IOC）选举为"世纪运动员"。

贝　利

贝利唯一的不成功是他的嘴。退出国家队后，就出现了一件怪事，在世界杯上，无论贝利看好哪支队，那支队肯定在世界杯上没有好下场，而他不看好的队却屡屡夺冠。比如零二年世界杯，贝利看好的法国队根本没有出线，而贝利不看好的巴西队却夺了冠。虽然是这样，但贝利的威望依然是足坛第一。

向你展示肌肉运动之美

马拉多纳

马拉多纳是一个天使和魔鬼赋予一身的人,从少年到现在。无论在哪里,马拉多纳都意味着天才和胜利,也意味着狂放不羁和惹事生非。讨厌马拉多纳的人可能会有一万个理由,但是爱他的只需要一个理由。

马拉多纳的天才构筑了他生命中的两面,也构筑了他的一生。在很多人眼中,他就是魔鬼的化身,但是在更多的人心中,在更多的阿根廷人心中,马拉多那就是他们的上帝。

1986年率阿根廷队第二次参加世界杯,在对英格兰队比赛中攻入"世纪之球",他首演"上帝之手",最终夺得世界杯冠军,个人独进5球并获最佳运动员;当年被国际足联评为"世界足

马拉多纳

第三章　转动世界的理想

球先生"。1990年第三次参加世界杯赛,在对前苏联队比赛中第二次使出"上帝之手";在与巴西队比赛中,一脚妙传使卡尼吉亚打进获胜一球,被称为"五秒钟的天才"。

马拉多纳在世界上享有着足球带给他的一切荣耀,繁华和各种各样诱惑。在足球所给予他的热烈欢迎中,马拉多纳肆意纵容自己的性格。他目空一切,他桀骜不驯,他蔑视权贵。在马拉多纳眼中,国际足联主席只是黑手党和伪君子。而除了足球和场上的胜利之外,他似乎从不崇拜,也从不屈服。

2000年,国际足联颁发大奖,马拉多纳并不衷心的接过与贝利并肩而立的"世纪最佳球员"。但是在前一年的1999年12月7号,马拉多纳从自己女儿手中领过"阿根廷最佳球员"奖杯的时候,他泪洒奖台。视足球为生命的马拉多纳目空一切。但是为了足球,为了人们尊重他所付出的努力,他会流下眼泪。

◆ 篮　球

1891年,奈史密斯在马萨诸塞州斯普林菲尔德基督教青年会国际训练学校任教。这所学校体育系主任卢瑟·古利克为贯彻冬季体育课教学大纲委托他设计一项室内集体游戏。他从当地儿童喜欢用球投向桃子筐（当地盛产桃子,各户备有桃筐）的游戏中得到启发,创编了篮球游戏。

起初,奈史密斯将两只桃篮别钉在健身房内看台的栏杆上,桃篮上沿距离地面3.05米,用足球作比赛工具,向篮投掷。投球入篮得1分,按得分多少决定胜负。每次投球进篮后,要爬梯子将球取出再重新开始比赛。以后逐步将竹篮改为活底的铁篮,再改为铁圈下面挂

向你展示肌肉运动之美

篮球

网。人们称这种游戏为"奈史密斯球"或"筐球",很长一段时间之后,经过他与同事们反复商量才定名为"篮球"。

到1893年,形成近似现代的篮板、篮圈和篮网。最初的篮球比赛,对上场人数、场地大小,比赛时间均无严格限制。只需双方参加比赛的人数必须相等。比赛开始,双方队员分别站在两端线外,裁判员鸣哨并将球掷向球场中间,双方跑向场内抢球,开始比赛。持球者可以抱着球跑向篮下投篮,首先达到预定分数者为胜。1892年,篮球运动的发明人史密斯订出18条简易规则,篮球运动进入对抗比赛的阶段,继而产生了比赛的组织领导者、执法公断者——裁判员。比赛时间规定为上、下半时,各15分钟;对场地大小也作了规

第三章　转动世界的理想

定，上场比赛人数逐步缩减为每队10人、9人、7人，1893年定为每队上场5人。

1904年在第3届奥林匹克运动会上第1次进行了篮球表演赛。1908年美国制定了全国统一的篮球规则，并有多种文字出版，发行于全世界，这样，篮球运动逐渐传遍美洲、欧洲和亚洲，成为一项世界性运动项目。1936年第11届奥运会将男子篮球列为正式比赛项目，女子篮球是1976年第21届奥运会上才列为正式比赛项目的。

【历史见证的光辉】

NBA

NBA是National Basketball Association的缩写，译为：全美职业篮球联赛。NBA成立于1946年6月6日。成立时叫BAA，即全美篮球协会（Basketball Association of America），是由十一家冰球馆和体育馆的老板为了让体育馆在冰球比赛以外的时间，不至于闲置而共同发起成立的。

BAA成立时共11支球队：纽约尼克斯队、波士顿凯尔特人队、华盛顿国会队、芝加哥牡鹿队、克利夫兰叛逆者队、底特律猎鹰队、费城武士队、匹兹堡铁人队、普罗维登斯蒸气队、圣路易斯轰炸机队和多伦多爱斯基摩人队。1949年BAA吞并了当时的另外一个联盟（NBL），并改名为NBA。1949至1950赛季，NBA共17支球队。1976年NBA吞并了美国篮球协会（ABA），球队增加到22支。1980年达拉斯小牛队加入NBA。1988

年，新奥尔良黄蜂队和迈阿密热火队加入NBA。1990年奥兰多魔术队和明尼苏达森林狼队加入NBA。1995年两支加拿大球队加入NBA，多伦多猛龙队和温哥华灰熊队(后改名为孟菲斯灰熊队)，使NBA的球队达到29支。2004年的夏洛特山猫队的加入达到30只。

指环王

比尔·拉塞尔是60年代波士顿凯尔特人王朝的基石，他是一位给NBA防守概念带来革命的神奇盖帽专家。一位5届MVP和12届全明星，一位总共抓下21620个篮板的硬派中锋，职业生涯场均22.5个篮板的成绩使他获得了4次联盟篮板王。他曾经在一场比赛里抓下51个篮板，另外有两次抓下49个而且创下了连续12个赛季篮板总数1000+的成绩。为了纪念这位传奇人物，NBA决定自2008-2009赛季节开始，把总决赛奖杯更名为比尔·拉塞尔杯。

许多对他个人的赞美是名副其实的，但这些仅仅是比尔·拉塞尔(Bill Russell)的团队合作哲学的衍生品。其实他最辉煌的成就是在他职业生涯13个赛季里带给凯尔特人队的11个总冠军，以致双手都带不下了，于是人们送给他一个绰号——指环王。在80年代飞人升空之前，比尔·拉塞尔一直被认为是NBA历史上最伟大的球员。

第三章　转动世界的理想

飞人乔丹

在多数的人眼中，迈克尔·乔丹（Michael Jordan）是有史以来最伟大的篮球运动员，他的波澜壮阔的篮球生涯和他对于这项运动的巨大影响力不可避免的让人们把他推上了神坛。乔丹重新诠释了"超级巨星"的含义。

甚至同时期的超级巨星们都承认乔丹至高无上的地位，魔术师约翰逊说："乔丹在顶层，然后才是我们。"在乔丹第二个赛季的季候赛对阵波士顿凯尔特人的一场比赛中，他更是狂取63分。赛后拉里·伯德这样评价他："今天是上帝扮成了乔丹在比赛。"

粗略看看约翰逊做到了些什么："最佳新秀，5次常规赛MVP，6枚总决赛戒指，6次总决赛MVP，10次第一阵容，14次入选全明星赛，3次全明星赛MVP，入选NBA50年50大，10次得分王（NBA记录，另外7次

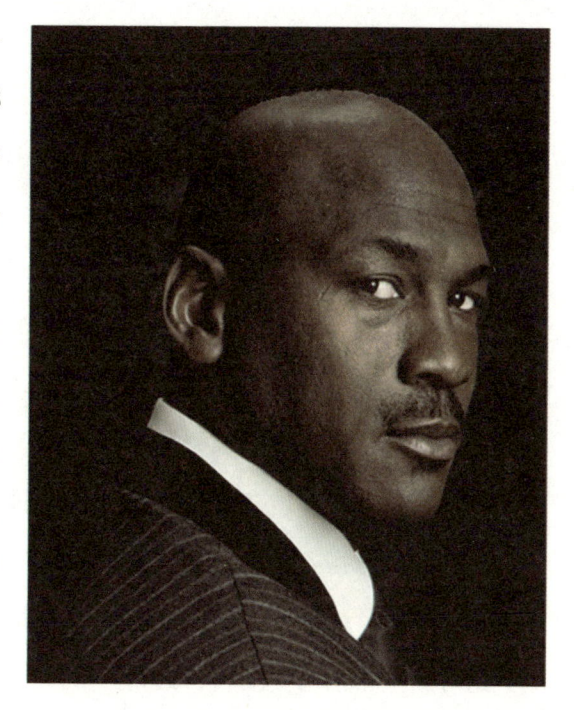

乔丹

向你展示肌肉运动之美

连续得分王也和Wilt Chamberlain排列第一位），退役时平均分是最高得30.1分……"

乔丹说："我可以接受失败，但无法接受放弃。""飞人"乔丹——一个集优雅、力量、艺术、即兴能力于一身的卓越运动员，他重新定义了NBA超级明星的含义，他是公认的全世界最棒的篮球运动员，不仅仅在他所处的那个时代、在整个NBA历史上乔丹都是最棒的。在他的篮球生涯中，他用场上眼花缭乱的表演和场下翩翩的个人风度征服了大众，更加速了NBA全球化的推进过程，他是当之无愧的王者。

◆ 排 球

排球运动源于美国。1895年，美国马萨诸塞州（旧称麻省）霍利约克市，一位叫威廉斯·盖·摩尔根的体育工作人员发明的。当时，网球、篮球很盛行。摩根先生认为篮球运动太激烈，而网球运动量又太小，他想寻求一种运动量适中，又富于趣味性，男女老少都能参加的室内娱乐性项目，就想把当时已广为流行的网球搬到室内，在篮球场上用手来打。

这种新上市的球类项目，最初没有固定的名字，也没有一定的场地和规则。参加比赛的双方人数不限，只要不使球落地，从网上回击到对方场地便行。这个新的运动项目最初起名叫mintonette（小网子），第二年（1896年），斯普林菲尔德市立学院的艾·特·哈尔斯戴特博士将此球命名为"华利波"（VolleyBall），意为"空中飞球"，这个名字沿用至今。

排球传入中国的时间，一说是1905年，一说是1913年。Volleyball在我国最早译为"队球"（也叫华利波），后改"排球"。将"华利波"改称"排球"是在1925年3月

第三章　转动世界的理想

排　球

举行的广东省第九届运动会上，主要取其分排站立之意。在1964年东京举行的第十八届奥运会上，首次进行了排球比赛。

排球运动自1895年创始以来，迄今已有一百年的历史。排球从开始仅仅是少数人的一种游戏、娱乐的手段，发展到今天已成为遍及世界五大洲，为广大群众所喜闻乐见的体育运动项目之一。

67

【历史见证的光辉】

铁榔头

郎平是20世纪80年代世界女子排球界"三大主攻手"之一,有"铁榔头"之称。她身体素质好,弹跳力强,摸高可达3.17米,快攻变化多,网上技术突出,以四号位高点强攻著称,是中国女排取得五连冠辉煌的核心人物。

1978年郎平随中国队获第八届亚运会女排比赛银牌;1979年获第二届亚洲女子排球锦标赛冠军;1981年获德国不来梅国际排球邀请赛冠军,个人获得"最佳攻球手奖",同年还获得第三届世界杯女排赛冠军,个人获"优秀运动员奖";1982年获第九届世界女排锦标赛冠军、第九届亚运会女排比赛金牌;1983年在世界超级女排赛上获得冠军,1984年获第23届洛杉矶奥运会女排比赛金牌;1985年获上海"新民晚报杯"国际邀请赛、"海鸥杯"国际女排邀请赛和第四届世界杯女排赛冠军,并获"优秀运动员奖"和"最佳运动员奖"。

2002年,郎平以全票入选排球名人堂,成为亚洲排球运动员中迄今获此殊荣的第一人。

第三章 转动世界的理想

三小球运动

◆ 乒乓球

1890年，几位驻守印度（India）的英国海军（navy）军官偶然发觉在一张不大的台子上玩网球颇为刺激。后来他们改用空心的小皮球代替弹性不大的实心球，并用木板代替了网拍，在桌子上进行这种新颖的"网球赛"，这就是table tennis得名的由来。

Table tennis出现不久，便成了一种风靡一时的热门运动。20世纪初，美国开始成套地生产乒乓球的比赛用具。最初，table tennis有其它名称，如Indoor tennis。后来，一位美国制造商以乒乓球撞击时所发出的声音创造出ping-pong这个

乒乓球

向你展示肌肉运动之美

新词，作为他制造的"乒乓球"专利注册商标。Ping-pong后来成了table tennis的另一个正式名称。当它传到中国后，人们又创造出"乒乓球"这个新的词语。

19世纪后，乒乓球运动便逐步发展起来。第一次大型乒乓球比赛于1900年12月在英国伦敦皇后大厅举行，开创了乒乓球比赛的先河。参加比赛的有三百多人。比赛时，男运动员要穿上浆领子的衬衣和坎肩，女运动员要穿裙子甚至还要戴帽子。1926年，国际乒乓球联合会（ITTF，International Table Tennis Federation）正式成立，并决定举行第一届世界乒乓球锦标赛。1959年，容国团获得了第二十五届世界乒乓球锦标赛男子单打冠军后，中国运动员开始登上了国际乒坛。

【历史见证的光辉】

斯韦思林杯

斯韦思林杯是乒乓球男子团体冠军杯。1926年12月，在首任国际乒联主席伊沃·蒙塔古的母亲斯韦思林夫人的图书馆举行了第一次国际乒联全体会议，此次锦标赛的赞助人，斯韦思林夫人捐赠了一只大奖杯，名为"斯韦思林杯"，作为男子团体赛的优胜奖杯。该奖杯是从蒙塔古家存放银器的仓库里选出来的。

至1997年，获该奖杯最多的3支队为：中国队12次（第26、27、28、31、33、34、36、37、38、39、43、44届），匈牙利队12次（第

第三章　转动世界的理想

斯韦思林奖杯

1、2、3、4、5、7、8、9、12、16、19、35届），日本队7次（第21、22、23、24、25、29、30届）。

1997年以后，中国队在45届世乒赛2:3意外负于瑞典队痛失斯杯后，卧薪尝胆，接连夺取了46、47、48、49四届世乒赛的斯韦思林杯，使得中国队夺杯次数达到创纪录的16次。

向你展示肌肉运动之美

乒坛皇后

邓亚萍是乒乓球历史上最伟大的女子选手，1988年进入国家队，先后获得14次世界冠军头衔；在乒坛世界排名连续8年保持第一，是排名世界第一时间最长的女运动员，成为唯一蝉联奥运会乒乓球金牌的运动员，并获得4枚奥运会金牌，其中包括单打和与乔红组合的双打。

身高仅1.55米的邓亚萍手脚粗短，似乎不是打乒乓球的材料，但她凭着苦练，以罕见的速度，无所畏惧的胆色和顽强拼搏的精神，13岁就夺得全国冠军，15岁时获亚洲冠军，16岁时在世界锦标赛上成为女子团体和女子双打的双料冠军。1992年，19岁的邓亚萍在巴塞罗那奥运会上又勇夺女子单打冠军，并与乔红合作获女子双打冠军。1993年在瑞典举行的第四十二届世乒赛上与队员合作又夺得团体、双打两块金牌，成为名副其实的世界乒坛皇后。

邓亚萍的出色成就，改变了世界乒乓坛只在高个子中选拔运动员的传统观念。国际奥委会主席萨马兰奇也为邓亚萍的球风和球艺所倾倒，亲自为她颁奖，并邀请她到洛桑国家奥委会总部做客……

第三章　转动世界的理想

乒坛常青树

自中国男乒于上世纪五十年代末登上国际赛场最高舞台以来，40多年时间里，在与中国对抗的国外选手中，最值得我们敬佩的当属瑞典名将——瓦尔德内尔。他的"第一代"中国对手蔡振华早在13年前就成为中国队教练，这13年来，他与蔡振华的四拨弟子进行了全面的对抗，且不落于下风。面对这一少年得志、老而弥坚的乒坛"常青树"，瓦尔德内尔赢得无数名中国球迷的青睐，他们送给这位瑞典人一个亲切的称呼——"老瓦"。

瓦尔德内尔（1965年—）是20世纪过去的11年中排名从来没有低于7名之后的乒乓运动员，也是唯一一名在历史上同时获得奥林匹克运动会金牌、世界乒乓球锦标赛冠军，世界杯冠军，和欧洲锦标赛冠军的男子选手。

瓦尔德内尔右手横握球拍，被誉为乒坛常青树，与中国几代选手抗衡了20多年，是世界乒坛的一位标志性人物。瓦尔德内尔对世界乒坛最大的贡献，一是将中国的近台快攻打法与欧洲中远台两面拉弧圈

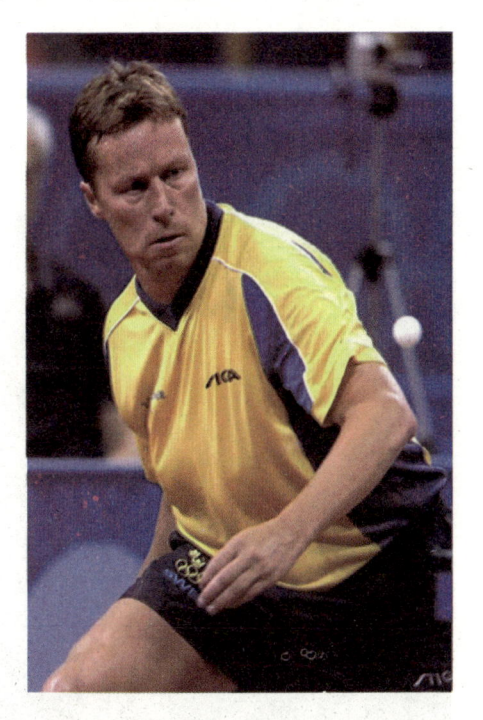

瓦尔德内尔

打法融为一体,把各种技术不断地重新组合,形成全方位的攻防转化、攻守结合的新的技术风格;二是创造性地使用了"横拍直握"的发球法,发球技术在世界乒坛首屈一指,同时也极大地推动了欧洲运动员的前三板技术的提高。

◆ 羽毛球

羽毛球起源于14~15世纪时的日本,当时的球拍为木质,球是樱桃核插上羽毛做成。据传,在14世纪末叶,日本出现了把樱桃插上美丽的羽毛当球,两人用木板来回对打的运动。这便是羽毛球运动的雏形。

现代羽毛球运动诞生在英国。1873年,在英国格拉斯哥郡的伯明顿镇有一位叫鲍弗特的公爵,在庄园里进行了一次"蒲那游戏"的表演。因这项活动极富趣味性,很快就风行开来。此后,这种室内游戏迅速传遍英国,"伯明顿"

羽毛球

第三章 转动世界的理想

（Badminton）即成为英文羽毛球的名字。

羽毛球运动约于1920年传入我国，解放后，得到迅速发展。20世纪70年代我国羽毛球队已跻身于世界强队之列。

【历史见证的光辉】

汤尤杯

汤尤杯是汤姆斯杯(世界男子团体羽毛球锦标赛）和尤伯杯（世界女子团体羽毛球锦标赛）的简称。

汤姆斯杯赛即世界男子团体羽毛球锦标赛。1934年国际羽联成立时，英国人汤姆斯被选为主席。5年后，汤姆斯在国际羽联会议上提出，组织世界性男子团体比赛的时机已成熟，并表示将为这一比赛捐赠一个奖杯，称为"汤姆斯杯"。1948年举行第一届比赛，现为两年一届，在偶数年举行。比赛由三场单打，两场双打组成。历史上夺得汤姆斯杯冠军最多的国家是印度尼西亚队，共11次。

尤伯杯是由贝蒂·尤伯夫人(Betty Uber）捐赠的。她是英国30年代著名女子羽毛球选手，从1930年至1949年间，她曾多次夺得全英羽毛球锦标赛的女子单打、女子双打和混合双打比赛的冠军。尤伯夫人退役后仍对羽毛球运动情有独钟，为推动羽毛球运动的发展，她在1956年的国际羽联理事会上，正式向国际羽联捐赠由麦皮侬和维伯制作的纪念杯，即现在的尤伯杯(Uber Cup)，并亲自主持了第一届尤伯杯比赛的抽签仪式。1956年

向你展示肌肉运动之美

开始举行第一届比赛，两年一届，在偶数年举行。比赛由三场单打，两场双打组成。历史上夺得尤伯杯冠军最多的国家是中国队，共11次。

◆ 网　球

现代网球运动一般包括室内网球和室外网球两种形式。网球运动最早起源于12至13世纪法国传教士在教堂回廊里用手掌击球的一种游戏。后来成为宫廷里的一种室内消遣娱乐活动。也有人认为，网球运动的起源应追溯到"百年战争"（1337—1453年英法两国战争）以前在法国民间流传的一种名叫海欧·德·巴乌麦的球类游戏。

大约在1358—1360年间，这种球类游戏从法国传到了英国。英国国王爱德华三世对此特别感兴趣，下令在宫内建造一处室内球场。从此，网球开始在英国流行，成为英国上层社会的一种娱乐活动，所以有"贵族运动"之雅称。

现代网球运动的历史一般是从

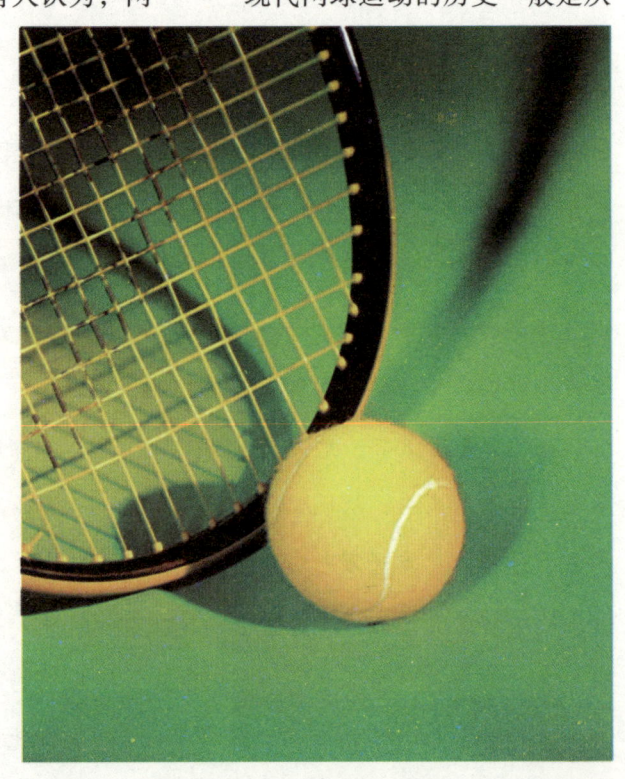

网球

第三章　转动世界的理想

1873年开始的。那年，英国人沃尔特·克洛普顿·温菲尔德将早期的网球打法加以改进，使之成为夏天在草坪上进行的一种体育活动，并取名"草地网球"。

1874年，在百慕大度假的美国女士玛丽·奥特布里奇在观看了英国军官的网球比赛后，对这项体育活动颇感兴趣，于是将网球规则、网拍和网球带到纽约。在美国，网球运动最初是在东部各学校中开展的，不久就传到中部、西部，进而在全美得到普及。此时网球运动已经由草地上演变到可以在沙土上、水泥地上、柏油地上举行比赛，于是"网球（Tennis）"的名称就慢慢替代了"草地网球（LawnTennis）"的名称，这是我们今天网球（Tennis）名称的由来。

网球运动的由来和发展可以用四句话来概括：孕育在法国，诞生在英国，开始普及和形成高潮在美国，现在盛行全世界，被称为世界第二大球类运动。

【历史见证的光辉】

四大网球公开赛

澳大利亚网球公开赛是网球四大满贯赛事之一，也是四大满贯赛事中每年最先登场的，通常于每年1月的最后两个星期在澳大利亚墨尔本举行。澳大利亚公开赛自1905年创办以来，至今已经走过了一百多年的历史。不过与另外三项四大满贯赛事相比，澳网还是最年轻的。赛事目前由澳大利亚网球（Tennis Australia）主办。

向你展示肌肉运动之美

　　法国网球公开赛通常在每年的5月至6月举行，是每年继澳大利亚网球公开赛之后，排在第二个进行的大满贯赛事。法国公开赛规定每场比赛采用5盘3胜淘汰制，而且球场属于慢速红土场地，利于底线对抗，所以，一场比赛打上4个小时是司空见惯的。在这样的球场上，花这么长的时间去打一场比赛，球员要有超群的技术和惊人的毅力才行，很具有挑战性。

　　温布尔登网球锦标赛是现代网球史上最早的比赛，由全英俱乐部和

网　球

英国草地网球协会于1877年创办的。首次正式比赛在该俱乐部位于伦敦西南角的温布尔登总部进行，名为"全英草地网球锦标赛"。1922年进行了两项改革，一是修建可容纳1.5万观众的中央球场，二是废除了"挑

第三章　转动世界的理想

战赛"，从这一年起要取得冠军，男子必须从第一轮打起，连胜7场比赛，女子必须连胜6场比赛。1968年国际网联同意职业选手参加该项比赛，同时组织者还募集巨额奖金，吸引全世界一流好手参加，故竞技水平逐年提高。到2000年为止，温布尔登网球锦标赛已举办了114届，其中由于两次世界大战停赛10次，若从1877年开赛算起，至今已有百余年的历史了。

美国网球公开赛，其历史仅次于温布尔登网球锦标赛，它始创于1881年，美国公开赛的首届比赛，是于1881年在纽波特的一个赌场里进行的，现在那里是国际网球名人堂所在地。当时只是国内赛事，而且只有男子单打。女子比赛始于1887年。每年的8月底至9月初，在美国纽约举行比赛。1968年被列为四大公开赛之一，设有5个单项的比赛，是每年四大公开赛中最后举行的大赛。由于美国网球赛的地位和高额奖金，以及中速硬地场地，吸引众多好手参加。美国公开赛的影响虽比不上温布尔登，却高于澳大利亚、甚至法国公开赛。

瑞士天王

罗杰·费德勒作为瑞士新一代球员的领军人物，19岁时就被很多网坛前辈看好有能力在世界男子网坛做出一番惊天动地的成绩出来，甚至还被球迷冠以"桑普拉斯"接班人的称号。自2003年温网以来，他已经获得了13个大满贯冠军，并四度在年终大师杯里夺冠。2005、2006、

向你展示肌肉运动之美

2007、2008年连续四次荣获劳伦斯世界体育奖男子最佳运动员。

费德勒的正手最强，是他赖以生存的杀手锏，球路多变，角度能打得很开，而且落点很准，一般对手回到中场的浅球费德勒都能打死，很少浪费这种得分机会这点很不容易的。他的反手很有特点，削球技术很好，他的削球不是简单的过渡，而是结合正手进攻的杀招，他经常反手把球削到对手反手位靠近网的地方，将对手调动到中场或者网前，一般这种削过去的球，落地以后反跳，弹起得很低，所以对手会过来的球深不了，这时候费德勒能够从容的在中场用正手打对方正手位的空档，这是他比较典型的一个战术。但是费德勒的力量还有点不够，尤其是反手，如果对

网 球

第三章　转动世界的理想

手的反手很强势，如萨芬这种，那么费德勒就很被动，同他们打费德勒的反手是明显的弱侧，很容易被压制，尤其在红土上。

其他球类运动

◆ 橄榄球

橄榄球起源于英国，原名为拉格比足球。因为其球形很像橄榄，在中国即被称为"橄榄球"，拉格比（Rugby）其实是一个英格兰小镇的名字，在这个小镇上有一间叫Rugby School的公学，那是橄榄球运动的诞生地。

据传说，在1823年的时候，该学校举行了一次足球比赛，当时比赛十分的激烈，其中有一个名叫威廉·韦伯·埃利斯（William Webb Ellis）的16岁的小男孩，因为比分落后，情急之下，他竟然抱起地上的球就向对方的球门跑去。以后再学校的足球比赛中，抱球跑的情况经常发生。虽然在当时这个举动违反了足球的规定，却给人们

橄榄球

向你展示肌肉运动之美

一个新的启示，这种抱球跑的现象，给比赛增加了激烈竞争的对抗气氛，时间一长也就被人们接受了，成为一种合法的动作。就这样，一项新的，有利于身体全面发展，具有很高锻炼价值的运动，橄榄球运动，逐渐地从足球运动中派生出来了。

【历史见证的光辉】

NFL

美式橄榄球联盟（National Football League，缩写为 NFL），是世界最大的职业美式橄榄球联盟。联盟由32支来自美国不同地区和城市的球队组成。联盟最早在1920年以美国职业美式足球协会（American Professional Football Association）的名义成立，后来在1922年改名为国家美式足球联盟（National Football League）。国家美式足球联盟是北美四大职业运动之一。NFL的球队有时候也被称为特权会员队（franchise），因为他们都是私人投资、按照公司模式运作。NFL是美国最著名的职业橄榄球联盟，所以也拥有最多球迷。其他联盟也试图和NFL竞争，但都没能像NFL那样获得这么大的支持，拥有这么多的球迷。无论是球衣或者产品销量还是收视率，NFL都是其他体育联盟不能相比较的，NFL是当之无愧的美国体育界No.1。

第三章　转动世界的理想

橄榄球比赛

◆ 手　球

手球是一种起源于德国的球类运动。曾经接触过手球的朋友都知道，基本上，手球就好似篮球加足球的混合物。手球似篮球，除了其中一个原因是大家都用需要用手去打之外，另外亦因为在手球的发展过程中，有一些规则是由篮球的规则转变而成的。

19世纪末，捷克斯洛伐克、德国、丹麦等国出现类似手球的游戏。1917年德国柏林体育教师海泽尔（M.Heiser）为女子设计了一种集体游戏，规定运动员只能用手传递或接抛球，双方身体不得接触。1919年柏林另一位体育教师舍伦茨（K.Schelenz）对海泽尔的游戏有所改进，规定持球者传球前可跑3步，允许双方身体接触。1920年制定竞赛规则。1925年德国与

83

向你展示肌肉运动之美

奥地利举行首次国际手球赛。后逐渐在世界各国开展。1928年举行首届世界男子手球锦标赛，1957年起举办世界女子手球锦标赛，手球比赛最初每队运动员为11名，又称十一人制手球。1965年改为每队7名运动员。男、女手球分别于1936年和1976年被列为奥运会比赛项目。

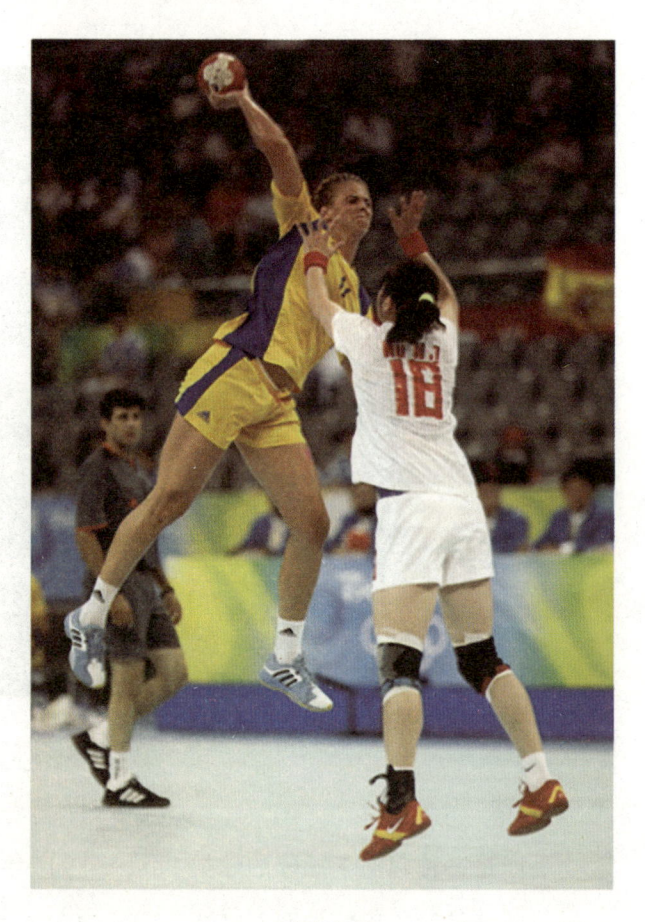

手球比赛

◆ 高尔夫球

高尔夫，俗称小白球，是一种室外体育运动。个人或团体球员以不同的高尔夫球杆将一颗小球打进果岭的洞内。高尔夫球像是起源自苏格兰。大部份的比赛有18洞。杆数越少的越优胜。英国公开赛、美国公开赛、美国大师赛和美国职业高尔夫球协会锦标赛是高尔夫球界的四大大满贯赛事。高尔夫球普遍被视为苏格兰人的发明，今日的高尔夫球18洞制度亦由苏格兰制定，当地亦有全球最历史悠久的高球会，被视作苏格兰国粹。

打高尔夫球是一项具有特殊魅

第三章　转动世界的理想

力的运动。它是人们在天然优雅的自然的绿色环境中，锻炼身体，陶冶情操，提高技巧的活动。

率先涉及打高尔夫球的是苏格兰北海岸的士兵，后来逐渐引起宫廷贵族和民间青年的浓厚兴趣，最终成为苏格兰的一项传统项目。尔后传入英格兰。十九世纪末传到美洲、澳洲及南非，二十世纪传到亚洲。由于打高尔夫球最早在宫廷贵族中盛行，加之高尔夫球场地设备昂贵，故有"贵族运动"之称。

有文件记载的最早的俱乐部是"雷斯绅士球手"，后来于1744年成为"爱丁堡高尔夫球手荣誉公司"。当时，第一个高尔夫球固定在爱丁堡城市委员会赠送的银球杆上。第一个胜利者John Rattray，被授予"高尔夫首领"称号。银球杆获胜者将成为下一年的"首领"，这一做法成为传统。这就是为什么，今天由前首领委员会选出的圣

高尔夫球

向你展示肌肉运动之美

安德鲁皇家古代高尔夫俱乐部的首领要亲身参加9月举行的俱乐部秋季奖牌争夺赛开场赛。为了保持优胜者担当当年首领的传统，优胜者是比赛唯一的参赛者，一旦他击出第一杆，他就自动成为优胜者。加农炮的轰鸣标志着奖牌赛的开始，捡回首领击出的球的球僮被授予一枚金币。

高尔夫首次传入中国是在1916年，然后在1917年时上海虹桥高尔夫总会开始投入运营，这家球场是一个九洞的球场，不过后来有很长时间这项运动在中国大陆无声无息了。到了二十世纪八十年代中期，高尔夫再次在中国大陆兴起，并以惊人的速度发展起来。

【历史见证的光辉】

老虎伍兹

泰格·伍兹的父亲是美国人，母亲是泰国人，而他是黑色皮肤。至成名之后，人们习惯上称他为"老虎"，因为"泰格"在英文中是"老虎"的意思，"伍兹"的意思是"树林"。可见他的父母当初给他起名字时也是颇动了一番脑筋，林中的老虎自然是如鱼得水般地潇洒自在。

泰格伍兹孩童时就表现出了非凡的高尔夫天赋，他3岁时就击出了9洞48杆的成绩，然后5岁时又上了《高尔夫文摘》杂志。他在18岁时成为了最年轻的美国业余比赛冠军，然后又史无前例的在1994，1995和1996年完成了该赛事的帽子戏法。接下来，小泰格一发不可收拾。年仅21岁

第三章　转动世界的理想

3个月15天的他以创纪录的12杆优势称雄美国大师赛，成为了奥格斯塔最年轻的冠军。他获胜的成绩，低于标准杆18杆的270杆，也是一项新纪录。获得4次胜利且9次进入前10名的他，最终在当年排名世界第一，并被选为1997年P克A巡回赛年度最佳球员。

在1999年末，他成了世界的焦点。他在13场比赛中9次夺魁，其中还包括一个大赛，并赚得了760万美元奖金。他在其当年的最后6个P克A巡回赛中5次获胜，而最后4次胜利，使他成为自霍甘1953年连续4次在巡回赛中夺魁之后，首位实现这一壮举的选手。而他的8个P克A巡回赛冠军，也让他成了1974年的米勒之后夺冠最多的选手。1999年末时，他排名世界第一，并以21项赛事夺得6 616 585美元的佳绩荣登P

老虎伍兹

向你展示肌肉运动之美

克A巡回赛奖金榜首位。

在上一代的高尔夫球王者——"金熊"尼克劳斯退役之后,泰格已经成了当今高尔夫球界,无可争辩的王者。

◆ 棒 球

棒球(Baseball)是一种以棒打小球为主要特点的一项集体性球类运动。棒球运动是一种以棒打球为主要特点,集体性、对抗性很强的球类运动项目。它在国际上开展较为广泛,影响较大,被誉为"竞技与智慧的结合"。在美国、日本尤为盛行,被称为"国球"。

根据美国有关专家多年来的考据认为:棒球运动源于英国的板球(Cricket也称圆场球Rounder)。1839年,美国人窦布戴伊组织了第一场与现代棒球运动十分相仿的比赛。

1845年,美国人亚历山大·乔伊·卡特赖德为统一名称和打法,制定了有史以来第一部棒球竞赛规则。规定的场地图形和尺寸至

棒 球

第四章　征服你我的挑战

今仍沿用，并正式采用了棒球（Baseball）这一名称。其中多数规则条文迄今仍继续使用，棒球（Baseball）这一名称也一直沿用至今。因此，现代棒球运动源于英国而发展于美国。

1873年棒球由美国传入日本。日本职业棒球队创始于1934年。

第二次世界大战后，棒球运动迅速在欧洲各国开展起来。现在棒球运动已在世界五大洲的100多个国家和地区中开展。

◆ 冰　球

冰球（ice hockey），又称冰上曲棍球，是运动员穿着特制的冰刀、护具和服装，手持球杆在冰场上击球的一种冰上球类运动。冰球以击入对方球门内的球数多者为胜。冰球运动要求有敏捷娴熟的曲棍技巧和快速多变的滑冰技艺以及集体协作意识，是身体对抗性较强的集体运动项目之一。

据记载，在英、法移民和英国殖民主义者到加拿大以前，当地的印第安人已在冰上做一种有趣的游戏了。后来，英殖民者占据北美洲以后，英国驻加拿大士兵受印第安人的启发，悠悠闲暇之余，常在冰上打罐头盒。正当各国冰上活动还处于游戏阶段时，加拿大留学生乌·罗伯逊把在英国学习期间了解的曲棍球打法用于冰上，并结合印第安人的"拉克罗斯"球的特点，创立了一种新型的冰上运动，这就是冰球运动的雏形。

1858年，这种运动从蒙特利尔和魁北克等地迅速蔓延到整个加拿大。所以，原始的冰球运动也有"加拿大球"之称。1875年，相关组织制定了简单的冰球比赛规则。1879年，冰球比赛正式开始。1890年，第一个冰球组织——安大略冰球运动协会成立。

此后，这项运动传入欧洲及世界各国并流行起来。冰球是融足

向你展示肌肉运动之美

冰球　　　　　冰球

球、曲棍球和速度滑冰技术与战术思想为一体的体育运动。它的问世，稍晚于足球、曲棍球和速度滑冰。

◆ 曲棍球

曲棍球又称草地曲棍球，是奥运会项目中历史最为悠久和光辉的项目之一。曲棍球（Hockey）这一名称起源于法语，意思是牧羊人的棍杖。作为世界上历史最悠久的体育项目之一，曲棍球的出现要比最初的奥林匹克运动会早1200年或者更多。

曲棍球是一项古老的运动、目前在国际广为开展的球类运动项目。距今已有数千年的历史了。古代曲棍球的先驱者姓甚名谁，虽已

第四章　征服你我的挑战

◆ 台　球

台球运动至今已有五、六百年历史，台球究竟起源于哪国？有的说是古希腊，有的说是法国，有的说是英国，也有的说是中国，意大利和西班牙等等众说纷纭，其实都是根据传说，所以很难肯定。但无法考证，但是可以肯定距今三千年前，中国、波斯和印度等亚洲人民的喜爱。根据柏林体育出版社1981年出版的《曲棍球运动》一书中说：距今2697年前，中国的士卒就用棍和球进行过比赛，这是为人所知的。

现代曲棍球运动却是起源于19世纪初的英国，并于1908年伦敦奥运会首次成为正式比赛项目，1928年成为固定比赛项目，1980年增加了女子项目。从20世纪20年代开始的30年间，印度几乎垄断了所有世界冠军，夺得了从1928年到1956年共6届奥运会金牌。

曲棍球

向你展示肌肉运动之美

是，台球起源于西欧是无可争辩的事实。

台球在公元十四世纪，在英国的英格兰维多利亚女王时代，台球活动非常受人们的重视，在一些富豪家庭里，不仅有豪华讲究的台球间，而且在进行打球活动时，还有严格的活动礼节，有的规定至今仍在沿用。

1510年台球出现在法国，法国国王路易十四在凡尔赛宫玩的台球是"单个球"，在桌上放一个用象牙做的拱门（Port）和一根象牙立柱叫"王"（king），用勺形棒来打球，把球打进门或碰到上便可得分。由于法王路易十四的御医建议

台 球

第四章　征服你我的挑战

国王餐后做台球活动，有利于健身因此得到法王喜爱和关心，所以在十七世纪，台球在法国逐渐风行起来，这可能就是台球起源于法国的根据。

自从台球出现至今已有几百年的历史，并不是一出现就尽美尽善，而是在长期流传中经过人们的不断改进丰富，现已达到了比从较完善的程度。从前开始在室内桌子上玩球时，在桌子中心开了一个圆洞，后来又在桌子四角开了四个洞，洞的增加同时也激发了人们的玩球兴趣，直到在桌子开了六个圆洞。才演变成了今天落袋式台球球台的雏形。

◆ 斯诺克

斯诺克是英文Snook的音译，Snook的意思是"阻碍、障碍"，所以斯诺克台球有时也被称为障碍台球。一击后，由于死球的阻碍使得对手不能够击打主球使其同时直线完全通过任意球的两边，即称为斯诺克。对手被称为被做斯诺克（snookered）。当即使获得台面上的最高分数仍落后对手的时候，就需要通过做斯诺克来迫使对方失误犯规罚分。

斯诺克台球起源，曾有过一段故事的传说。在1875年，有一个驻扎在印度的特文郡军团，团里有一位青年尉官尼维尔·张伯伦对于他们每天玩的三球台球，感到乏味，于是便产生了改进的想法，便加了一个黑色球，经过一段时间，又有一位青年军官建议，再加了一个粉色球，随着球数的增加，不仅提高了玩的兴趣，同时也丰富了玩球的方法，后来又连续增加几种不同颜色彩球，球数共有二十二个，其中有十五个红色球，六个不同颜色的彩色球和一个白色主球。经过实践摸打，又制订了一套比赛方法和规则。1880年，英国人约翰·罗伯又从印度把斯诺克台球的打法和规

93

向你展示肌肉运动之美

斯诺克

则带回了英国。但是，当时正处于英式台球热，一般人及观众都热衷于英式台球。斯诺克台球根本无法引起人们的重视。直到20世纪30年代，英式台球日渐衰落，许多名手才逐渐转向斯诺克台球。从那以后，斯诺克台球才开始在英国兴盛起来，成了英国的国球，直到现在。

◆ 保龄球

保龄球的起源也许可以追溯到公元前5200年的古埃及，人们在那里发现了类似现代保龄球运动的大理石球和瓶。在13世纪的德国教会里，流行着一种"九柱球"的游戏，来检验教徒对宗教的信仰程度。直到宗教革命之后，马丁路德统一了九瓶制，成为现代保龄球运

第四章　征服你我的挑战

动的真正起源。如今，保龄球已经成为现代社会中的一项时尚运动，流行于欧、美、大洋洲和亚洲一些国家。保龄球，英文名是bowling，又称地滚球，它是在木板道上滚球击柱的一种室内运动。

在16世纪时，是9个瓶的游戏，数年后，演变成10个木瓶，瓶的摆设形状也从钻石形变成三角形。1895年，美国保龄球总会正式成立。1951年，国际保龄球联合会成立，1954年，第一次保龄球国际比赛在芬兰的赫尔辛基举行。1988年的奥运会，保龄球列为表

保龄球

向你展示肌肉运动之美

演项目。

保龄球具有娱乐性、趣味性、抗争性和技巧性，给人以身体和意志的锻炼。由于是室内活动，不受时间、气候等外界条件的影响，也不受年龄的限制，易学易打，所以成为男女老少人人皆宜的特殊运动。

第四章 征服你我的挑战

向你展示肌肉运动之美

格斗（搏击）是一项古老的技能。说它是技能，是因为它的目的和绝大多数运动的宗旨相左。不管格斗有多少种功效，健身也好，防身也好，它的根本目的，就是最快、最狠、最有效地击毙对手。听起来让人有些毛骨悚然，但只有认清了格斗的实质，才能正确地理解和分析格斗理论、比赛和训练中的一系列问题。

力量是格斗的重要因素，中国武术有言"一力降十会"。但力量并不是格斗的决定性因素。格斗拥有一套完整的训练理论，如果不能深入领会它的精髓并将其贯彻到训练中，纵有再大的力量也是枉然。反过来说，在双方拥有相近的技术实力的情况下，力量大的一方取胜的机会无疑增大了许多。

格斗的种类很多，包括中国武术、泰拳、拳击、柔道、空手道、跆拳道、合气道、摔跤、相扑、击剑等多种门类。本章将为大家介绍武术中博采众长的少林武术，如行云流水的太极拳，随走随变的八卦掌，纵横天下的剑术，名称繁杂的跆拳道，高度商业化的自由搏击，非常狠辣的泰拳。希望读者通过这一章，对格斗会有更深的了解。

第四章　征服你我的挑战

中国武术类

◆ 少林武功

少林是中原武术中范围最广、历史最长、拳种最多的武术门派，以出于中岳嵩山少林寺而得名。少林武功起源于古代嵩山少林寺，并因而得名。嵩山少林寺位于河南省登封县嵩山少室五乳峰下，它创建于南北朝时期北魏太和十九年（公元四九五年），是孝文帝为安置印度僧人跋陀前来嵩山落迹传教而建。

跋陀禅师主持少林寺后，四方

少林寺一景

学者闻风皆至,徒众数百。这样,大量的民间武术者都充当了少林寺的杂役。在跋陀主持少林寺时,就已经有一些会武术或其它技能的青少年子弟被剃度为少林寺小和尚了。像惠光和尚,十二岁时在洛阳城天街的井栏上反踢毽子,一口气能连续反踢五百次,跋陀感到很惊奇,就把他剃度为小和尚,作为自己的弟子。跋陀的弟子僧稠当小和尚时,体质羸弱,常受一些会武术的小和尚的戏弄,后来便发奋练武,居然练得拳捷骁武,体健身灵。跋陀禅师为创建少林寺,翻译佛经,传授佛法作出了巨大贡献,少林拳谱中还有跋陀传授方便铲和一路大刀的记载。

传说北魏孝明帝孝昌三年(公元五二七年),印度高僧达摩来到嵩山少林寺传授佛教的禅宗,面壁九年,静坐修心,被尊为中国佛教禅宗的初祖。当年达摩终日静坐,不免筋骨疲倦,又加上在深山老林,要防野兽和严寒酷暑的侵袭,在传经时,他发现好些弟子禅坐时间久了,昏昏欲睡,精神不振。为了驱倦、防兽、健身、护寺,达摩等人仿效我国古代劳动人民锻炼身体的各种动作,编成健身活动的"活身法"传授僧人,此即为"少林拳"的雏形。此外,达摩在空暇时间还练几手便用铲、棍、剑、杖等防盗护身的动作,后人称之为达摩铲、达摩杖、达摩剑,以后,他又吸取鸟、兽、虫、鱼飞翔、腾跃之姿,发展"活身法",创造了一套动静结合的罗汉十八手。后来经过历代僧徒们长期演练、综合、充实、提高,逐步形成一套拳术,达百余种,武术上总称"少林拳"。其中起过重要作用的是元代少林派拳术大师白玉峰、觉远上人、李叟等人,他们精心研究少林拳法,注意拳法的整理和传授,将少林拳中的"罗汉十八手"发展为七十二手,以后又发展到一百七十三手,

第四章　征服你我的挑战

菩提达摩石刻

第一次系统地整理出一套少林拳法。

隋末唐初，少林寺方丈为了保护庙宇的安全，从寺僧中选出身强力壮、勇敢灵巧或善于拳击械斗者组织成一支专门队伍。最初，他们的任务是护寺，以后，寺僧参与了政治活动，寺养僧兵，形成武僧。客观形势要求武艺向精湛的技击方面发展，开始了有组织的、严格的僧兵训练，操练棍棒。每日晨光曦微，武僧们同起而习之，冬练三九，夏练三伏，长年不断地刻苦练习武艺，对少林武术的发展提高起了很大的作用。

少林寺的不少文物是少林拳起源的历史见证，特别引人注目的是白衣殿内的"少林拳谱"壁画，描

向你展示肌肉运动之美

绘了当年少林寺和尚练拳习武的真实情景：宏伟的寺院，张灯结彩，三十个身著短装，精神奕奕的健壮武僧，分成十五对，在演练少林拳，拳打脚踢，栩栩如生。除了行拳图外，殿内还有寺僧演练器械、挥舞棍棒的壁画，南北两壁有少林武术的"锤谱"，画面突出两个武僧摆开对打的架势，冲拳、拨掌对练。千佛殿是当年少林寺的练功房，地堂上还有四十八个寺僧"站柱"的遗迹；只见砖铺的地面上留下两行直径约四、五十厘米的锅底状圆坑，一个间隔约二米半，据说是众僧苦心学艺，两脚踏踩而成。反映了古代少林寺僧甘练少林武功的真实史迹。

少林寺不少武僧在出家之前就精通武术，不少武艺高强的人士不满封建制度，看破红尘，削发为僧，成为僧兵队伍的骨干。少林寺还经常到各地邀请武林高手到寺传授拳法、棍法，发展少林武功。五代十国时高僧福居特邀十八家著名武术家到少林寺演练三年，各取所长汇集成少林拳谱，明代抗倭名将俞大猷也曾到少林寺传授棍术，所以少林寺实际上成了一个有名的会武场所，群英荟萃，各显神通。少林寺博采百家，在吸收各武艺之长后，又逐步发展成为包括有马战、步战、轻功、气功、徒手以及各种器械等许多种套路的武术流派，后代弟子结合中华民族固有之武技精华，融汇贯通，发展成为名扬中外的少林武功。

少林武技名显于世，始于隋末。武僧昙宗、志操、惠汤等十三人，技艺超群，应秦王李世民邀请，参加讨伐王世充战役。少林武僧活捉王仁则，逼降王世充，这就是著名的"十三棍僧救唐王"，也是著名电影《少林寺》的历史原型。唐太宗登基后，重赏少林寺僧，赐少林寺大量庄田银两，扩建少林寺，准许少林寺成立僧兵队

第四章　征服你我的挑战

伍。昙宗被封为大将军，其余的人"时危聊作将，事定复为僧"。少林武功，经受实际战斗的考验，拳艺更有发展，从此闻名遐迩，开创了少林武功的新时期。少林寺极盛时期，占地一万余亩、大殿十四座、房屋多达五千间、寺僧发展到二千余众，其中拥有武艺高强的僧兵五百多人。传说宋代的开国皇帝赵匡胤和民族英雄岳飞等人，也得过少林真传，赵匡胤喜爱拳术，传下太祖长拳，曾将他的拳书藏于少林寺。古代《少林拳术精义》一书说岳飞神力得自某高僧，高僧所授岳飞的神勇力法在反金卫国中功勋卓著。明朝少林寺小山和尚挂过三次帅印征边，朝庭为表彰他的功绩，在少林寺前建立旗杆和石狮。

少林尚武精神千古流芳。历代多少英雄杰练就一整套格斗技能，在自卫抗暴、抵敌御侮中涌现了不少可歌可泣的动人事迹。明嘉靖年间，日本倭寇侵扰我国东南沿海一带，少林寺以月空为首的三十多个和尚应召组织一支僧兵队伍，开赴松江前线御倭抗敌，在战斗中，人

赵匡胤画像

103

向你展示肌肉运动之美

人奋勇当先、英勇杀敌，手持铁棒击杀倭寇甚多，后来因寡不敌众，月空等三十多位爱国和尚全都壮烈牺牲，以身殉国，用鲜血和生命为少林寺谱写了光荣的篇章。现在少林寺碑林与塔林中的石刻上，仍有当年爱国僧兵作战的记载。

除嵩山少林寺外，相传少林寺先后在全国各地建立了十几个分院。明代在福建九莲山又建立的一座少林寺，也以发展少林拳术著名，满清灭明后，不少爱国人士，不满外族统治，削发为僧投入少林寺，达宗和尚结交三山五岳英雄，创立佛教洪门，培育和发展洪门子弟，极力鼓吹反清复明，秉正除奸，南少林寺成为反清复明的大本营，洪门弟子的聚义厅，上上下下闪耀着精武强兵的刀光剑影，苦练杀敌本领。后来由于叛徒告密，

九莲山一景

第四章 征服你我的挑战

遭到清政府派兵镇压,寺院被清兵烧毁。

辛亥革命前后,少林寺武功进一步在民间发展,各地武馆林立,不少爱国志士为了推翻清朝统治,积极学习少林武功。当时武术往往被用来作为革命的实战手段,许多地主纷纷建立"大刀队""梭标队",练武成风,在反清斗争中屡建奇功。

新中国成立后,党和政府非常重视少林武术的发展,许多省、市成立了武术协会和体校武术训练班,进一步推广和发展少林武术,少林武功受到人们的景仰和喜爱,深深扎根于民众之中。十年动乱期间少林武术虽倍受摧残,但"野为烧不尽,春风吹又生",打倒"四人帮"后,少林武功又重振声威,一个个武术训练班如雨后春笋开办起来,继承和发展我国少林武术遗产,并为国家培养了大批武术人材,在出国表演交流中,为国家赢得了荣誉。

少林武功并非一人所创,而是凝结了千百万人民的心血。少林武术在漫长的岁月中由中华民族无数武林高手发展流传下来,是中华民族智慧的结晶。

◆ **太极拳**

太极拳是一种武术项目,也是体育运动和健身项目,在中国有着悠久的历史。太极拳起源于我国古代骑兵的枪法和长柄大刀法。其基本用法是:开、合、发。踩着高跷来使用长枪、长柄大刀。太极始于无极,分两仪。由两仪分三才,由三才显四象,演变八卦。依据"易经"阴阳之理、中医经络学、道家导引、吐纳综合地创造一套有阴阳性质、符合人体结构、大自然运转规律的一种拳术,古人称为"太极"。

太极拳起源众说纷纭,民间大致有唐朝许宣平、南宋或元末明初

向你展示肌肉运动之美

时期的张三丰、清朝陈王廷和王宗岳等说法。戚继光的32势长拳理论、王宗岳的"太极拳论"、张三丰道家理论等都在太极拳中有体现。太极拳的定名、成型、传播靠的是杨露禅。可见太极拳并非一人、一时、一地所创,而是前人不断总结、整理、创新、发展而来的。纵观近、现代太极拳的发展就可见一斑,事物只有不断发展才具有生命力。也有人称太极拳发源于武当张三丰原式太极拳,赵堡太极拳为武当太极拳的一支。目前可以明确的是,太极拳由河南温县陈家沟陈氏第十四世陈长兴传给河北永年人杨露禅,而后社会依次出现杨式、武式、吴式、孙式等太极拳流派。目前流传的陈式太极拳为人所知则是20世

戚继光纪念馆

第四章 征服你我的挑战

纪20年代的事情了，而这个陈式太极拳和陈长兴传给杨露禅的是否一致，以及陈长兴后陈家沟武术传承则是一件悬案了。

太极拳的来源有下列3个方面：①综合吸收了明代名家拳法。明代武术极为盛行，出现了很多名家、专著和新拳种，太极拳就是吸取了当时各家拳法之长，特别是戚继光的三十二势长拳而编成的。②结合了道家导引、吐纳之术。太极拳讲究意念引导气沉丹田，讲究心静体松重在内壮，所以被称为"内家拳"之一。③运用了道家的阴阳学说和中医经络学说。以意行气，通任督二脉，练带脉、冲脉。各式传统太极拳也皆以阴阳五行学说来概括和解释拳法中各种矛盾变化。

太极拳有陈式、杨式、孙式、吴式、武式以及武当、赵堡等多种流派。

（1）陈式太极拳

陈氏太极拳又分老架和新架两种，老架是清初陈王廷所编，原有5个套路，又名十三势，另有长拳一百单八势1套，炮捶1套。从陈王廷起，经过300多年的传习，积累了不少经验，对原有拳套不断加工提炼，终于形成了近代所流传的陈式太极拳第1路和第2路拳套。这两套

陈王廷铜像

拳动作都是经过精心编排的，其速度和强度不同，身法、运动量和难度也不尽相同。

陈氏太极的另外一个分支是：中国温县南冷架太极拳。

陈式太极拳是古老的拳种，其他多数流派的太极拳（如杨式、吴式、武式、孙式）跟陈式太极拳有一定的渊源关系。

（2）杨式太极拳

河北永年人杨露禅（1800—1873），酷爱武术，向陈家沟陈长兴学习太极拳，学成返里传习太极拳，因他能避开并制服强硬之力，当时人称他的拳为"沾绵拳""软拳""化拳"。杨露禅去北京教拳，清朝的王公贵族多向他学习。他武技高超，当时人称"杨无敌"。清同治、光绪两代帝师翁同龢在观看杨露禅与人比武后，对大臣们说："杨进退神速，虚实莫测，身似猿猴，手如运球，犹太极之浑圆一体也。"为杨露禅亲题的对联："手捧太极震寰宇，胸怀绝技压群英"。后来，杨露禅根据实践，不断发展已有拳架，又经其孙杨澄甫一再修订，遂定型为杨式大架太极拳，由于练法平正简易，故成为现代最为流行的

杨露禅画像

杨式太极拳。

杨氏祖孙三代，在北京负有盛名。杨露禅有三子，长子凤侯早

第四章　征服你我的挑战

亡，但留下一支在河北邢台地区有传，次子杨班侯和三子杨健侯，各有所长。班侯脾气火暴，偏重太极拳的技击作用，实战中下手较狠，"出手见红"，在京都留下"拳打雄县刘""搔打万斤力"等佳话，承父"杨无敌"之称号，在北京名噪一时，有"杨露禅闯天下、杨班侯打天下"之说，为太极拳在高手如云的北京树立了威名，并继而推动了太极拳在全国的快速普及和传播。但因出手打死洋人，无法再在北京而返回乡里，所以传播范围不广，实为憾事，目前闻者有永年广府班侯架、河北齐德居的八十一式大功架传承。健侯性格温和，更重太极拳的健身作用，且授徒众多，所传为中架，当今流传的太极拳大多数为健侯一枝。

（3）吴式太极拳

满族人全佑，清末河北大兴人，初从杨露禅学太极拳大架子，后来拜杨露禅次子为师学小架子，以善于柔化著名。其子始从汉族改姓吴，名鉴泉。吴鉴泉继承和传授的拳式连绵不断，不纵不跳，适应性较广泛。由于吴氏对拳式有所修改，后人就称之为吴式小架子。成为现代流传较广的吴式太极拳。吴鉴泉在北京、上海传拳较久，他打拳式正招圆，舒松自然，虽架式小巧，但有大架功底，由开展而紧凑，在紧凑中自具舒展，推

吴鉴泉

手时端正严密，细腻熨贴。1958年曾出版《吴式太极拳》一书。

（4）武式太极拳

清末河北永年人武禹襄，初从杨露禅学太极拳，后又学新架太极拳，并在舞阳县得《太极拳谱》，于是以练拳心得归纳锻炼要领为《身法十要》。武式太极拳特点为身法谨严，姿势紧凑，动作舒缓，步法严格，虚实分明，胸部、腹部的进退旋转始终保持中正，用动作的虚实转换和"内气潜转"来支配外形，左右手各管半个身体，出手不过足尖。武式太极拳于民国初年传入北京，后又传入南京、上海。

（5）孙式太极拳

清末河北完县人孙禄堂，酷爱武术，先学形意拳，后学八卦掌，勤学苦练，功夫深厚，民国初年始跟郝为真学武式太极拳，参合各家之长，融会贯通，遂创孙式太极拳，并著有《太极拳学》。孙式太极拳的特点是进退相随，舒展圆活，动作灵敏，转变方向时多以开合相接，故又称"开合活步太极拳"。1957年曾出版《孙式太极拳》一书。

太极拳的运动特点：中正安舒、轻灵圆活、松柔慢匀、开合有序、刚柔相济，动如"行云流水，连绵不断"。这种运动既自然又高雅，可亲身体会到音乐的韵律，哲学的内涵，美的造型，诗的意境。在高级的享受中，使疾病消失，身

孙禄堂

心健康。

太极拳是中华民族辩证的理论思维与武术、艺术、气功引导术的完美结合，是高层次的人体文化。其拳理来源于《易经》《皇帝内经》《黄庭经》《纪效新书》等中国传统哲学、医术、武术等经典著作，并在起长期的发展过程中又吸收了道、儒、释等文化的合理内容，故太极拳被称为"国粹"。

董海川塑像

第四章　征服你我的挑战

◆ 八卦掌

八卦掌又称游身八卦掌、八卦连环掌，是一种以掌法变换和行步走转为主的拳术。由于它运动时纵横交错，分为四正四隅八个方位，与"周易"八卦图中的卦象相似，故名八卦掌。有些八卦掌老拳谱常以卦理解释拳理，以八个卦位代表基本八掌。据考证为清代河北文安县人董海川（约1813—1882）在江南游历时得到道家修炼的启示，结合武术加以整理而成。董海川曾在清朝肃王府作拳师，故八卦掌首先在北京一带流传开来，近百年来遍及全国，并传播到国外(如东南亚地区)。

八卦掌是我国流传很广的拳种，是武当内家拳三大名拳之一，也是道家养生、健身、防身阴阳掌的一个体现。它以八大桩法为转掌功，又集八大圈手于一体，下配一至八步的摆、扣、顺步法为基础，以绕圈走转为基本运动路线，以掌

111

向你展示肌肉运动之美

法为核心，在走转中全身一至，步似行云流水，身法要求：拧转、旋翻协调完整，走如游龙，翻转似鹰。手法主要有：穿、插、劈、撩、横、撞、扣、翻、托等。

八卦掌的特点是身捷步灵，随走随变，与对方交手时身体起伏拧转，敏捷多变。拳谚说它"形如游龙，视若猿守，坐如虎踞，转似鹰盘"。八卦掌以"行桩""蹚泥步"内功功法为入门基础，以拧翻走转为基本运动形式，以掌法的变化为主要技击手段。内外兼修，强调身心合练，身捷步灵如故龙游空，拧翻走转掌法幻变无穷。出手成招，刚柔相济，踢打摔拿溶为一体。拧裹钻翻，避正打斜，围圆打点，循循相生无有穷尽。

◆ 散 打

散打又可以叫做断手、散手、实作等。散打是拳术中各项训练的总称，是拳术锻炼的综合体现，就其原始意义来讲，乃是不附加任何条件的徒手搏击。

散打运动（指竞技散手运动）是武术的一种表现形式。现阶段散打运动中拳的打法，无论与国际任何一种搏击运动相比既无观赏性，又无实用性。散打中的摔法来源于中国式摔跤，是散打区别于其他各国任何一种搏击运动的唯一特征。中国式摔跤所有招法在散打中几乎全能用上。除此之外，几十年的积累我们又发明了适应散打运动发展的摔法——接腿快摔，这一发明将散打运动推向了一个新的起点。其实作为一种运动，我们追求的就是一种境界，一种高水平的角逐，给人一种紧张、激烈、技术性、观赏性极高的同时，又能使人观后精神和灵魂为之震撼，继而升华为一种顽强向上、勇敢奋进、百折不挠的精神投入到各行各业中，产生积极向上的社会效益。而现阶段，由于人们并不给予散打一定的重视，所

第四章　征服你我的挑战

以无法突出它的特性，就达不到这种良好的效果，也就失去了散手运动的魅力，这就需要我们必须确定标准，加强规范，真正形成散手运动自己的一套拳、腿，漂亮实用，形成摔法规范新颖的技术风格。

散打在古代被称为相搏、手搏、技击等。换句话说，散打就是两人徒手面对面地打斗。散打是中国武术一个主要的表现形式，以踢、打、摔、拿四大技法为主要进攻手段。另外，还有防守、步法等技术。1979年散手在我国成为竞技的比赛项目。在80厘米高、8米见方的擂台上进行比赛。散手比赛允许使用踢、打、摔等各种武术流派中的技法，不允许使用擒拿，不许攻击喉、裆等要害部位；运动员分体重、穿护具在相同的条件下平等竞争。在对敌斗争中这些界限就没有了，军警对敌斗争就专寻对手的要害部位击打。使用的招法也比较凶狠，杀伤力较大。

散打被誉为中华武术的精华，是具有独特民族风格的体育项目，多年来在民间流传发展，深受人民喜爱。散打的起源与发展，是和中华民族的悠久历史同步的。它从先辈的生产劳动，生存斗争缘起，但又服务于此，演化至今成为华夏民族灿烂文化遗产中的瑰宝。原始社会人类为了争取自下而上、猎取食物，长期与野兽搏斗，学会了与野兽搏斗所使用的不同方法。如拳打、脚踢、抱摔等简单的散打技术，并学会了一些野兽猎取食物的本领，如猫扑、狗闪、虎跳、鹰翻等。在春秋战国时期，散打得到了很大的发展，被人们所推崇，得到了广大人民的重视。

散打具有极强的攻防作用，有攻必有防，攻防是一对矛盾体，在散打中双方总想办法击中对手，而不被对手击中，运动员总是在这种

向你展示肌肉运动之美

条件下进行训练。经过长期训练的运动员掌握了散打技术，遇敌而不慌，与敌方突然袭击的一瞬间就能迅速地做出相应的防守动作。妇女掌握几种散打技术，可以作为防身之用，因为妇女生性娇弱，容易受恶人欺凌、受邪恶威胁，妇女在与歹徒搏斗的关键时刻突然使用擒拿或攻击歹徒要害处能化险为夷脱离险境。公安人员和武警战士、保卫人员等掌握一些散打技术，对打击犯罪分子，保卫人民的生命安全，维护国家财产等都起到了十分重要的作用。散打是一项对抗性很强的运动，练习散打能培养机智、顽强、勇敢、灵活、果断等意志品质。此外，散打除了起到格斗、防身的作用以外，还有其强身健体的作用，因此，散打运动员通过训练使得体格非常健壮。

◆ 套　路

　　武术套路是以技击动作为素材，以攻守进退、动静疾徐、刚柔虚实等矛盾运动的变化规律编成的整套练习形式，被称之为"套路运动"。一般认为套路运动是技击的高度提炼和艺术再现，它来源于技击，又高于技击，是武术的最高表现形式。正如文学艺术来源于生活而高于生活一样，而套路中绝大多数动作取材于技击，仍保持了实用技击的一面，既具有攻防特点，又具有健身意义的一项体育运动。

　　构成套路内容的动作不具备实战技击的要求，这种性质决定了套路的发展方向。在套路尚未完全成形以前，从历史文献记载中，我们可以看到武术套路或是武术套路的雏形是多以"武舞"或"健舞"的舞蹈形式出现。如《干戚舞》《东海黄公》《破陈乐》等，这些"武舞"表现与技击有关的场面都是从实战的动作中加工提炼编排而成，而武舞的目的一是伸展人们的筋骨，锻炼人们的身体；二是表现

第四章　征服你我的挑战

生活，从昔日战争和人兽相斗的场面再现中激发人们的情感，使人们产生一种美的享受。

目前的武术运动员虽然同时能很快地学会多种风格迥异的套路，但是对于其技击和攻防含义大多并不清楚。套路练习初期多是分开来一招一招练的，让学习者体会运气使力，攻防技击的含义。而这种练习反复不断地进行，正是为了在实战中能够条件反射式的使出相应的招式，也可以仔细体会招式的功效。

◆ 截拳道

李小龙创立的截拳道是融合世界各种武术精华的全方位自由搏击术。"截"是截击、阻截，"拳"是拳法，"道"是道路、风格。"截拳道"意思就是阻击对手来拳之法，或截击对手来拳之道。截拳道倡导搏击的高度自由。李小龙截拳道抛弃传统形式，忠诚地表达自我。"以无法为有法，以无限为有限"是截拳道的纲领和要义。它将东西方哲学理念运用于武术，是一种搏击指导和方法论。

李小龙创造的截拳道功夫是一种新型实战技击术，并且在世界武坛上独树一帜。李小龙早年曾跟随咏春拳名师叶问系统地学习了咏春拳，赴美后在不断的技击实践中结合了跆拳道的腿法以及其他一些门派的特点，提出"以无法为有法，以无限为有限"的开拓性拳理，致力于追求武术的根本，技法直接而简捷，没有形式，被后人称之为截拳道。正如李小龙本人对截拳道的解释一样：截拳道是没有形式的拳道，它没有门派之分，他所谓的"截拳道"只不过是为了便于称呼的名谓而已，但它却顺应任何门派，因为截拳道蕴涵着其它门派的精技，并择用任何门派的技法去全力以赴，从而重创对手。截拳道的悟得应借由直观之心，坚强的意志

向你展示肌肉运动之美

力和克制力获得。由一代宗师李小龙所创立武道哲学——截拳道，在世界武坛上独树一帜。

李小龙是伟大的武术技击家、武术哲学家、武术革命家、功夫电影开创者、著名武打演员。众所周知，李小龙宗师本名叫李振藩，"李小龙"只是他在香港拍电影做童星时起的艺名。因此，从在西雅图开设第一间武馆起，李小龙便用自己的本名将武馆命名"振藩国术馆"，把自己传授给学生的武术体系命名"藩功夫"，有中华民族的传人"威震藩邦、扬威海外"之意。振藩功夫，又叫振藩国术、振藩拳法，后期又称做"振藩拳道"（实际上已是创立初期的截拳道）。

由于李小龙是一位求真务实，不断开拓进取的武术家，旅居美国

李小龙塑像

的12年中，始终坚持一边自己研究、锻炼、提高，一边将不断发展进化的武术体系传授给学生。因此，振藩功夫不是一个一成不变的武术体系，而是一个不断发展进化，不断自我完善的，生机勃勃的武道哲艺进程。创立之初的"振藩"功夫主要是经李小龙改进了其师傅叶问的咏春拳技术(当时尚传

第四章　征服你我的挑战

授小念头、寻桥、标指等咏春拳套路，以及单、双黏手、木人桩等训练内容），中国南北两派的一些拳法精华和三节棍、长棍、长枪等传统兵器；中后期的"振藩功夫"，有了很大改变，废除了咏春拳的传统套路，而保留了咏春拳的实战精华，如散手、黏手和木人桩等训练内容，在咏春拳原有的定步黏手基础上又增加了活步黏手，并进一步丰富和充实了木人桩技法。同时，开始广泛吸收拳击、击剑、空手道、跆拳道、泰拳和柔道等世界流派武技之精华，实际上已是发展和完善了的"振藩"与创立初期的"截拳道"的混合体。

由于李小龙的武道哲艺进程是一个连续不断、密不可分的过程，因此，在"振藩功夫"与"截拳道"之间，并没有一道二分明显的分界线。1964年8月，美国加州旧金山。李小龙由于坚持传授异族学员中国武术（振藩功夫），受到当地保守的国术界的最后通牒，被迫接受挑战，与一名来自香港的华人武师黄泽文恶战一场。两人各使传统武术，交起手来均感打得十分别扭。李小龙虽经硬拼顽强取胜，却赢得很不痛快。一场本应几秒钟便结束的战斗，却拖拖沓沓打了几十秒钟才将对手打败。这远不是他理想中快打速胜的结果。这场

李小龙与叶问合影

向你展示肌肉运动之美

比武，导致李小龙对传统武术的套路技术进行深刻彻底地反思，并最终抛弃了套路，创造出无固定技术动作、无套路形式的"截拳道"。与此同时，李小龙还应邀出席了1964年度长堤"国际空手道锦标大赛"，并结识了"美国空手道之父"埃德·帕克、"美国跆拳道之父"李俊九、"空手道擂台悍将"罗礼士、"菲律宾魔杖大师"伊鲁山度、柔术大师威利·杰伊、"美国柔道之父"吉恩·勒贝尔等一大批武坛顶尖的名家高手，与他们互相交流、切磋、学习，大大丰富了自己的武术体系，为"截拳道"的诞生铺平了道路。在"截拳道"创立初期，考虑到其武术与哲学体系尚未发展完善，李小龙并没有马上向自己的学生及外界公开这一名称，而是仍把它称做"振藩功夫"或"振藩拳道"，直至3年以后的1967年才正式宣布"截拳道"的诞生。

截拳道的宗旨是"以无法为有法，以无限为有限"，指引人走向自我解放的自由之路。李小龙认为，"截拳道就是武道哲学"，而绝非一种武术门派，截拳道首先是武术观及方法论，其哲学化语境尤其明显。而李小龙遗孀莲达夫人在其文章《什么是"振藩截拳道"》中则认为，李小龙终身所学习及教授之一切哲学思想、强身训练

李小李俊九合影

第四章 征服你我的挑战

方法及技击术，均包含于"振藩截拳道"体系，因此1996年，李小龙女儿李香凝及莲达夫人的建议下，于美国成立振藩截拳道核心，由莲达夫人、李香凝、木村武之大师、黄锦铭等十多位李小龙嫡系弟子组成，以"振藩截拳道"为法律保护的注册名称维护李小龙思想之真涵，以及与世界上一切自称为"截拳道"之"门派"完全区别开来。

截拳道是李小龙一生探索武术的思想代名词，由于他过早地离开了人世，没有将自己的武术思想最终整理，世人看到的是很多概念、片断，而将李小龙的功夫误认为是截拳道的全部。然而，真正按照李小龙的设想，截拳道是：

（1）它按照实战的不同情况将技击细分，如腿踢，拳打，粘打，贴摔，倒地缠锁等等，只要能出现的情况都要观察其特点。

（2）它是开放性的理论体系：任何技法只要有用都可以纳入这个体系，故有言云：任何技法都可以是截拳道。

（3）从有型走向无型（亦是有招到无招）：从基础的动作练习必须去理解了动作与动作之间本质，不然同样是一个动作不能称为在用截拳道的方法在练

李小龙

习。因为一旦明白招术的本质是相通的，即开始步入无型，也不在乎招式的名称，不过是一个名称罢了。

日本竞技类

◆ 空手道

日本的空手道是由距今五百年前的古老格斗术和中国传入日本的拳法揉合而成的。当时，在琉球上层阶级间，暗中参考中国的拳法创出了独特的唐手，即最初的"空手道"。而在"唐手"之前，已有"那霸手"和"首里手"，这两种名称是根据地域划分的，如今都成为了空手道各流派的渊源。

空手道是一种由琉球武术发展而来的。空手道原称作唐手，含有"源自中国的武术"的意思。空手道也是源于中国古代的少林武术。

除了空手、唐手这两个名称外，此武术亦曾被称为琉球手。琉球是位于日本南面的一个小国，当地人民常常来到中国，一些人拜师于武馆后返回琉球，后来日本占领琉球，改名为冲绳，同时也执行了禁武，禁兵器令。但当地民众仍群起反抗。

人们对于空手道起源有着不同的看法，但有两件事实是日本空手道界人士所公认的。那是在琉球"唐手"之前，已有"那霸手"和"首里手"两种名称，是现今空手道各流派的源流。"那霸手"是东恩纳宽量宗师到中国福建省学习少林拳法，再融合传统的"那霸手"格斗术而组成，称"昭灵流"，独树一帜。"首里手"以松村宗秀宗师为代表，现在的"松涛馆流""系东流"及"和道流"等是

第四章　征服你我的挑战

空手道

其分支。"刚柔流"是由宫城长顺宗师所创始。宫城师父于公元1887年出生在琉球那霸市的名家，十四岁的时候拜"那霸手"宗师东恩纳为师。十六岁时，只身前往中国求学武道。在中国，宫城师父接受中国拳法高手们的严格训练，并且研究中国古籍理论，回国后再次比较检讨中国拳法和"琉球手"，创出一种独特的"呼吸法"，是近代学习空手道必需的预备运动法和辅助运动法。将身体构造方面的科学方法，纳入空手道的指导法中，把从前的武术当作精神修养的学习方法和顺序，组成新的体系。以两者的优点，加上独自的设想，创立了"刚柔流空手道"。"刚柔流"的名称，从中国古代文献《武备志》而来。也就是拳法八句中的一句"法刚柔吞吐"，意思是"依照刚柔之理而吞吐呼吸的法则"，于是便把它叫做了"刚柔流"。

刚柔流空手道，顾名思义，"刚"和"柔"两字意味着：由"天然之理"的"阳"和"阴"构成，"阳"和"阴"浑然一体，展现在无穷尽的宇宙生命中，为人之道也在其中，有"阳"和"阴""刚"和"柔"等两面，成为"意志"和"和谐"，互相关连。"刚柔流"保持了实战性和原始的自然形态，这点从"刚"和"柔"的代表技法中，可窥见一斑。"刚柔流"的技法，由"刚"而"柔"，由"柔"而"刚"，转

121

向你展示肌肉运动之美

变自由，一方面显示出融通无碍的动作，一方面配合敌人的动作。"柔"攻来，就以"刚"来阻断，这种被动的方式是武技的极限，也是继承刚柔流独特的"呼吸"法而来。

在"刚柔流"中，运用动物名称的架式有很多。像猫、狗、鹤、虎、龙等。动物在格斗时，架式可以称得上无懈可击，全身的力量都贯注在格斗中，没有人类的不安和挂念，全神贯注地想击倒对方，舍弃一切的私欲和邪念。"刚柔流"的古武道色彩很浓厚，因为它重视动物的"型"和"呼吸"。这些都是本来的"刚"的一面。但是，所谓"刚"的一面，并不是一味地强调极限的姿态。如果斗争中"刚"属于一面，那么就应该有避免斗争无我的另一面，也就是所谓的

空手道

第四章　征服你我的挑战

"柔",二者互相配合,就能形成"刚柔流"的人格。

空手道的起源可追溯于大约五百年前的冲绳琉球时代。当时中国与琉球往来交流频繁,中国拳法传入琉球,并发展成为当地武术,称为"唐手"。由于长期受到禁武令的影响,"唐手"一直只能秘密地进行传授,直止到公元1905年才公开成为普及的武道。到公元1935年因"唐手"名称含有中国的意思,又由于"唐手"与"空手"的日语发音相同,于是被日本改为"空手",最终成为了日本的武道。

空手道在"唐手"阶段的时候,由于中国武术传入的年代不同,再加上战斗风格的不同,导致了三大系统的出现:为"首里手""那霸手"与"泊手"。"首里手"以直线攻击且大动作为主,并包含扫技与摔技,适合中距离的战斗,为一古老之流派,后以"松涛馆流"为其代表。"那霸手"以防守且小动作为主,并包含擒拿技与投技,适合近距离的战斗,接近近代之中国拳法,后以"刚柔流"为其代表。关于"泊手"有一说法是中国福州安南至琉球的中国人所传授的拳法,与"首里手"及"那霸手"并没有直接的关联,目前日本冲绳"刘卫流"空手道与"泊手"之间有着十分密切的关系。而另一说法认为:"泊手"是综合了"首里手"与"那霸手"两派的优点而形成的。

上述三大派中,"首里手"之代表人物船越义珍先生(1868—1957)在其恩师糸州安恒先生过世后,于公元1922年第一位开始将空手从琉球传入日本本土,因船越先生雅号"松涛",其空手即被称为"松涛馆空手"(或松涛馆流空手)。而"那霸手"之代表人物宫城长顺先生(1888—1953)在其恩师东恩纳宽量先生过世后,于公元1928年在日本京都以"三战"

向你展示肌肉运动之美

型为刚之型，"转掌"型为柔之型命名，设立"刚柔流空手道"。继"松涛馆"与"刚柔流"之后，摩文仁贤和先生（公1889—1952）于公元1929年在日本大阪以其两位恩师之名，糸州安恒之"糸"与东恩纳宽量之"东"命名，即"糸东流空手道"。另外，在公元1929年设立"和道流柔术拳法"。到目前为止，松涛馆、刚柔流、糸东流及和道流合称为"四大流派"。1935年船越义珍大师出版了《空手道教学方式》一书，唐手正式改名为"空手道"。

空手道发展到了现代，已与其他一些运动一样成为了一项育比赛项目。自从1970年成立了"世界空手道联盟"，并举办了第一届世界空手道锦标赛。当前空手道正式的国际组织为世界空手道联

空手道

第四章　征服你我的挑战

盟（WKF），正统空手道主要有松涛馆流、和道流、刚柔流、系东流四大流派。世界空手道联盟的型（套路）的比赛标准仅以松涛馆等四大流派的指定型为标准。

◆ 合气道

合气道是一种根源于日本大东流合气柔术的近代武术，主要特点是"以柔克刚""借劲使力""不主动攻击"。现在一般所称的合气道又分为日本与韩国两种流派，彼此在各自发展之下已有一些差异。

日本合气道创始人植芝盛平在年轻时就曾学过柔术。1915年拜于大东流合气柔术总本部长武田惣角门下，并跟随武田担任指导者。后来由于受到"灵言"的影响，植芝在武术上的研究越来越注重精神层次，并开始发展出异于合气柔术，而属于自己研究出的一套武术理论。1922年，他的这套理论正式被命名为"合气武术"。1931年，在海军大将竹下勇的协助下于东京成立皇武馆道场，1940年成立财团法人皇武会以推广合气武术。1942年，皇武会已开始使用"合气道"这个名称；1948年皇武会正式改名为合气会。

合气道"合气"一词的含义

合气道

表示与气合一，亦即与天地之气合一；更简单的说，就是与大自然相契合。如果能够透过合气道，由自

向你展示肌肉运动之美

己的动作中描绘出大自然的极致，就表示已经感悟到合气道技法的极意了。在自我与自然合一举动时，将能显现如稳如泰山般的安定感，以及美与和谐极致。由于如此，合气道的动作以不会相逆的圆周运动为主，在不违逆自然道理的精彩动作中，涵蓄着无根的可能性，形成合气道的核心技巧。

◆ 柔 道

柔道是中国式摔交的演变。但传到日本的柔道却发展得极其广泛，因此日本素有"柔道之国"的称号。柔道是日本武术中特有的一科，是由柔术演变发展而来的。它具有悠久的历史，从日本战国时期到德川时代（公元十五世纪—十六世纪）。一直把柔道称为柔术或体术。现在所用的柔道这个一名词，是由"日本传讲道馆柔道"简化而来的。

明治十年（1877年）三东京帝国大学（现在的东京大学）学生嘉纳治五郎，当时十八岁，他从健体的愿望出发，立志学习柔术。他博采众家之长，经过整理改革，使柔术技艺理论和技术趋向完善，并制订了一套较为系统的训练方法，取消了具有危险性的动作，确立了以投技、固技、当身技三部分为主的新的柔术体系，从而使传统柔术的面貌一新而改革创造成为现代柔道运动。从此，对柔道成为具有教育性的体育项目开始了科学探讨；并使柔道在培养高尚的意志品质方面迈出了新的步伐。日本人民出于对柔道的推崇和对自己民族文化的热爱，非常敬仰嘉纳治五郎先生，把他称为"柔道之父"。

柔道经过近代的发展之后，于1964年东京奥运会被列为正式比赛项目（东道主可以选择增加一个奥运会比赛项目，日本选择了柔道）。日本作为柔道的发源地在早期的确拥有优势。但是在无差别级

第四章 征服你我的挑战

比赛中，身高1.98米的荷兰选手吉新克击败了日本三届全国冠军，从而也改变了人们对柔道的幻想式看法。

◆ 相 扑

中国和日本两国在历史上都有相扑。从一些出土文物看，中国秦汉时期的角抵形象同日本现在流行的相扑很相似。至迟在西晋初年，中国已有相扑的名称。唐宋元明清各代，相扑活动一直盛行。到了清代中叶，相扑的名称才逐渐消失。现在相扑一直被认为是日本的武技，其实，相扑原是我国古代"角抵"的一种。早在西汉初年，冀州(今河北)一带流行着一种民间游戏：人们戴着有角的面具互相比武、斗力。这种既是竞技又是表演的活动，被称为"角抵"，又名

柔 道

向你展示肌肉运动之美

"蚩尤戏"。

日本《相扑之始》一书说，日本的相扑最早出现于公元前23年。日本体育百科全书记载："日本的相扑与中国的角抵和拳法有相互关系。"日本历史考古学家池内宏和梅原末治合著的《通沟》一书也说，日本的相扑同中国吉林省辑安县出土的3～5世纪古墓壁上的角抵图极相象；同中国唐宋时代的相扑比赛形式和规则也近似。从17世纪起，日本各地兴起职业性相扑，称为"大相扑"。18世纪开始形成现代的相扑。到20世纪初期，相扑作为日本的"国技"广泛开展起来。

摔跤类

◆ 古典式摔跤

公元前2世纪末，罗马帝国出兵侵略希腊。占领者在征服希腊之后，将自己国家原有的摔跤和希腊式摔跤相结合，并在此基础上发展与创新，产生了希腊罗马式摔跤。因为希腊罗马式摔跤出现于希腊奴隶制繁荣阶段，该时期在历史上被称为希腊古典时期，所以，这种摔跤最初被称为古典式摔跤。这项运动在希腊的不断发展和在欧洲其他国家的推广，对古典式摔跤的形成起到了积极的作用。

18世纪90年代，法国一些喜爱这项运动的人自动组织职业班子，到许多地方巡回表演。后来逐步演变成为一种比赛，使古典式摔跤逐渐发展起来。古典式摔跤比赛时不许抓衣服、不准用手和腿进攻对方的下肢，只许用手臂抱

第四章　征服你我的挑战

头、颈、躯干和上肢。将对方摔倒后使其双肩触及垫子者为胜，如在规定的时间内未出现这种情况，则按两个回合中得分的多少判定名次。

◆ 自由式摔跤

自由式摔跤于18世纪末19世纪初在欧美各国兴起，最后在英国定型。从1904年的第3届奥林匹克运动会开始，自由式摔跤被列为奥运会比赛项目。1950年国际业余摔跤联合会决定举行世界希腊罗马式摔跤和自由式摔跤冠军赛或锦标赛。美国的自由式摔跤有优良的传统，其特点是力量大、耐力好。土耳其的自由式摔跤具有民族传统，多以体力好取胜。苏联、保加利亚运动员技术精湛。伊朗、日本、蒙古、朝鲜等国的运动员动作灵活、技巧性强。

自由式摔跤技术除了包括古典式摔跤技术外，还有用手臂握抱对方下肢的动作和用腿使绊的方法，

古典式摔跤

但不许使用剪腿。站立摔时，抱住对方一腿或两腿，把对方摔倒的方法是现代自由式摔跤站立技术的主要攻守方法。握抱对方的头颈、躯干或四肢后，用腿脚勾绊对方腿脚的摔法很多，例如握臂抱腿里勾。还有在跪撑中手脚并用的骑

缠，是应用最多的、威胁性最大的进攻方法。

嗜之游戏，今则盛行于北蒙古，若逢鄂尔博祭日，则必举行此技，角

自由式摔跤

◆ 蒙古式摔跤

摔跤，蒙古语称为"搏克"，蒙古族的传统体育活动。摔跤手为搏克·巴依勒德呼。早在十三世纪时已经盛行于北方草原。既是体育活动，也是一种娱乐活动。所属在祭敖包和那达慕大会时进行。近代方志记云："肇自古昔，为蒙古最者著皮革之单衣，跨长靴，东西各一人，登场而斗，以推倒对方为胜。族长及王公临而观之，授胜者以奖品，平时则其部之少年，集二、三人而行之。"这说明蒙古人不但在那达慕和祭敖包时进行，而且在平时也三五相聚，搏击为乐。

蒙古族的摔跤，既不同于中国式摔跤，也不同于日本的相扑。它

第四章　征服你我的挑战

在规则、方法、服装、场地等方面都有自己的特点。蒙古式摔跤一上来就互相抓握，膝盖以上任何部位着地都为失败。

蒙古式摔跤具有独特的民族风格。摔跤比赛时，身穿铜钉牛皮坎肩"昭达格"，头缠红、黄、蓝三色头巾，脚蹬蒙古花皮靴，腰扎花皮带，下身穿套裤，脖子上挂着五彩飘带。出场时，双方摔跤手挥舞双臂，然后互相搏斗。蒙古式摔跤不分等级，采取淘汰的方式，决赛出冠军手、亚军手和第三名，分别授予荣誉称号和奖品。

◆ **中国式摔跤**

摔跤是中国最古老的体育项目之一。古代称为角力、角抵、相扑、争跤等。早在四千年前的黄帝时代就有了古代摔跤活动。据《礼记·月令》记载，周代把摔跤、射箭和驾车三者列为军事训练项目。

蒙古式摔跤

向你展示肌肉运动之美

到了汉代，摔跤还作为表演项目演出。晋代多在元宵节举行摔跤比赛。唐代多在春秋两季举行比赛，也作为宫廷娱乐的项目。五代时期，摔跤技术强调轻便敏捷，名手辈出，出现了中国第一部讲摔跤的书——调露子的《角力记》。宋代还出现了女子摔跤。民间有摔跤组织角抵社。

比赛中间不许抓住裩儿和拽起袴儿，但可以拽直拳，使脚剪，拳打脚踢都行，这与日本的相扑从场地、仪式到规则都基本上近似。比赛结束，获胜者可得银碗等奖品。清代设有善扑营，专门训练清朝贵族青年摔跤，他们常为王公贵族表演，或与蒙古族、回族摔跤手比赛，这叫官跤，摔跤手和教练员都是终身职业。华北等地民间摔跤叫私跤。摔跤者穿特制的短上衣（叫褡裢），系腰带，穿长裤，衣、带可以抓，全身可以握抱，但不许抓裤子，不许击打，不许使用反关节动作，三点着地（两脚加一

中国式摔跤

第四章 征服你我的挑战

手一膝着地）为失败，三跤两胜，没有时间限制。练习或比赛由有技术权威的年长者主持，充当教练和裁判。民国时期在北京、天津等地有不少人以表演摔跤为职业。当时的武术组织中央国术馆和精武体育会也有摔跤科目，曾举行过几次全国性比赛。1936年，还进行过女子摔跤比赛。

1953年，中国式摔跤被列入国家体育运动竞赛项目，并举行了全国比赛。1956年，中华人民共和国体育运动委员会颁布了《中国式摔跤运动员等级制》，1957年颁布了《中国式摔跤规则》。

其他竞技类

◆ 击　剑

击剑运动是一项历史悠久的传统体育运动项目。早在远古时代，剑就是人类为了生存同野兽进行搏斗和猎食所使用的工具。击剑在古代埃及、中国、希腊、罗马、阿拉伯等国家十分盛行。公元前11世纪，古希腊就出现了击剑课，并有剑师讲课。有关古老的击剑形式，在希腊、埃及等国家中的一些历史建筑和纪念碑上都可见到关于击剑的浮雕。

在中世纪的欧洲，击剑与骑马、游泳、打猎、下棋、吟诗、投枪一起被列为骑士的七种高尚运动。西班牙被认为是现代击剑运动的摇篮，第一本击剑书籍就由两位西班牙教练编著。14世纪在西班牙、法国和意大利出现了一个令人炫目的骑士阶层，他们以精湛的剑术纵横天下，博得了广泛的美誉。

击剑运动真正得到全面的发展

向你展示肌肉运动之美

击 剑

还是在法国亨利三世和亨利四世时期。1776年，法国著名击剑大师拉·布瓦西埃发明了面罩，这一发明使击剑运动进一步走上了高雅道路。

19世纪初，在法国击剑权威拉夫热耳的倡议下，将花、重、佩这三种不同式样的剑的重量再加以减轻，同时对一些技术原理及战术意义进行深入研究，并且在一些欧洲国家经常开展竞赛活动。击剑运动由此逐渐成为国际性的体育竞赛项目，并最早成为奥林匹克大家庭中的一员。

现代击剑运动是奥运会的传统项目。1896年在雅典举行的第1届现代奥运会上就设有男子花剑、佩剑的比赛。1900年在巴黎举行的第2届奥运会上增加了男子重剑比赛。1924年在巴黎举行的第8届奥运会上又增加了女子花剑比赛。1992年在巴塞罗那举行的第25届奥

第四章 征服你我的挑战

运会上，女子重剑被列为正式比赛项目。女子佩剑于2004年雅典奥运会上被正式列为奥运会项目。

1913年11月29日，法国巴黎成立了国际击剑联合会。1914年6月，巴黎通过了《击剑竞赛规则》，从而使击剑运动竞赛趋向公平，合理。

1931年，重剑比赛开始使用电动裁判器。1995年，电动花剑裁判器也运用于比赛。1989年，佩剑比赛开始采用电动裁判器。电动裁判器的发明也是现代击剑运动史上的一个里程碑。它使击剑比赛更加公平，同时推动击剑技术向更新的高度发展。

法国、意大利、俄罗斯、德国、匈牙利在不同时期，都是击剑强国。引领着世界击剑运动发展的潮流，并各自代表一个古典的击剑流派，其基本技术动作和战术打法风格都有明显的差异。近50年来，

击 剑

向你展示肌肉运动之美

击剑技术动作和战术打法风格有了迅速的发展。

◆ 自由搏击

自由搏击，又称国际自由搏击，欧美全接触自由空手道等，发端于欧美，是一种没有套路、没有宗派，强调个性风格，以实战求胜为主旨的西方自由式全接触徒手攻防搏击术。自由搏击兼容并蓄了东方中国武术、日本空手道、柔道、剑道、韩国跆拳道、泰国拳，以及西方拳击和摔跤文字等武道的精华，是现代东西方武道文化和技艺的最佳结合产物，是当今世界武坛独树一帜，高度科学化和艺术化的先进实战武道，体现了人类武道融汇的成果和结晶，自由搏击是美国流行的格斗术。

自由搏击以竞赛的商业化、职业化程度高，开放性好而著称，几乎所有国际自由搏击比赛中都采用"无限制自由比赛"的方法，不限制参赛选手的资格，在规则上与泰式比赛规则类似，比赛双方均赤裸上身（或着短袖衫、背心），下穿长裤，手戴拳套，脚穿护具（或不穿），进行全接触搏击比赛。因此，自由搏击赛事往往异常紧张和激烈，非常吸引拳迷和观众，对自由搏击选手的技战术水平、战斗意志、体能、抗击力等整体搏击能力提出了更高更全面的要求。

◆ 跆拳道

1945年，韩国民众在长期抗争后终于获得了国家独立，跆拳道得以继续健康发展。当时技击方法很多，名称也较为繁杂，如唐手道、跆跟等。为使这一韩国国技得以发扬光大，1961年9月，韩国成立了唐手道协会，后更名为跆拳道协会。

跆，意为蹬踢，腾跃；拳，意为用拳击打，防御；道，为练习的方法，也为一种精神。从字面含义可以看出，跆拳道是种手脚并用

第四章　征服你我的挑战

的武术搏击，但在有些竞技比赛中，如奥运会，部分技术，特别是手技，出于保护运动选手、增强比赛观赏性等原因而被限制。具体要求即手的攻击动作只可使用正击拳（直拳），切只能攻击躯干部分被护具保护的位置。

目前，跆拳道运动已经成为完全独立的国际体育组织和正规的比赛项目。在世界锦标赛、亚洲锦标赛和亚运会上共设有男女各八个级别。跆拳道每两年举办一次世界锦标赛和世界杯比赛。

◆ 泰　拳

泰拳是泰国的传统搏击技术，

跆拳道

向你展示肌肉运动之美

特点是可以在极短的距离下,利用手肘、膝盖等部位进行攻击,是一种非常狠辣的武术,在武学里有文练武练横练,泰拳属横练,具有很强的杀伤力。

泰拳,从字面上解释即是发源于泰国(旧名暹罗)的一种拳术,尽管它的真正发源至今仍众说纷纭,然而就较为可靠的史料而言,18世纪大城王朝时的乃克侬东应为泰拳的祖师爷;他在缅甸军攻破大城时被俘虏为奴隶,而在一次庆典中缅甸国王安排缅甸拳师与其比武较量,结果他竟然连续打胜九

泰 拳

第四章　征服你我的挑战

人，到了第十人则不敢上场跟他比拳，连缅甸国王也不由得赞叹："泰拳师武艺非凡，苟非其君王庸弱，彼辈当可免丧邦之痛。"因而威镇缅甸，为泰拳的历史写下了光荣的一页。

今天的泰国武术，已渐分为二种形式，一是以舞蹈方式表演的武艺，包括剑对剑、棍对棍、双刀对双刀、双刀对双棒、长棒对短棒、双刀对盾牌刀、双拐对长棍等等。另一种是纯对抗的表演或竞赛。表演时，彼此可真可假，以表演残忍的打法，酷似职业摔跤。近年来了迎合寻求刺激的西方游客的口味，以及受赌徒们的影响，逐渐吸收了空手道、柔道、摔跤、西洋拳等手法。

◆ 拳击

拳击运动源远流长，它起源于人类产生之初。人类在生存和竞争中逐渐发明了拳击。最初拳击是为了保护人们生命财产而产生的一种格斗手段。有记载表明，它有5000多年的历史。在《英国大不列颠百科全书》就有"公元前40世纪，幼发拉底和底格里斯两河流域发现拳击的遗迹"的记载。古埃及人用象形文字记载了拳击用的护具"皮绷带"。后来大约在公元前17世纪，拳击运动经过地中海的克里克岛传播到古希腊。公元前5世纪在爱琴海岸发掘的一对磁瓶上，有两人相互攻防的拳击图案。在希腊神话中，传说雅典王子赛希阿斯（公元前1000年）就通晓拳术，曾玩过这种拳击。在美索不达米亚的考古发掘中，也发现了1700年以前拳击活动的遗迹。

自从古罗马皇帝西奥多雷斯下令禁止拳击后，4个多世纪的时间里拳坛几乎寂寞一片。主要原因是由于人们对古罗马拳击的粗野影响难以忘怀；另一方面因为欧洲各地时兴骑马斗剑，马上技术抑制了拳

向你展示肌肉运动之美

击的发展。骑士体育是属于统治阶级和贵族的，而且必须是基督徒。但是作为一种自卫技术、娱乐活动，拳击在民间仍然不断地流行着，但是遗憾的是民众并不能公开进行比赛。

公元8世纪的时候，奥斯曼大帝执政，法庭制定了一种新制度："斗审"。就是在审判中遇到疑难案件，命令诉讼双方进行决斗，胜利者获胜诉。如果是贵族间的诉讼，就按贵族习俗骑马、穿护身甲胄进行斗剑；而平民间的诉讼，则以拳击决胜负。从此，拳击比赛在平民百姓中广泛地流传了，受到了很大的青睐。

公元1200年间，传教士圣倍纳丁看到当时许多青年在斗剑中丧生的悲剧，深感比赛中残忍不堪，于是后来设法推行拳击代替斗剑。从此便废止了古罗马拳击的野蛮方法，提倡赤手拳击，使之升华为以

拳 击

第四章　征服你我的挑战

锻炼身体为原则的体育活动。圣倍纳丁在意大利的西纳开设了一所拳击训练学校，亲自担任教练，并主持拳赛，执行裁判工作。在赛程中如遇有可能发生危险的紧急情况，他会及时命令停止比赛，以防止不必要的伤害事故发生。这种改良的拳击，逐渐在青年中流行起来。圣倍纳丁一生热衷于拳击运动，也正是他使得中断了几个世纪的拳击运动东山再起，圣倍纳丁在拳击史上做出了不可磨灭的贡献。

16世纪的时候，拳击运动有了新的发展方向，它越过了多巴海峡，传播到了英国。17世纪末期，拳击在英国复兴起来。公元18世纪初，在英国出现了有奖的拳击比赛。1719年产生了被称为现代拳击始祖的第一位英国拳击冠军詹姆斯·菲格（1695—1734年），并把冠军保持了11年之久，他有"无敌将军"的美称，菲格的拳击是没有防护的徒手的"生死"型格斗。詹姆斯·菲格创立了世界上最早的拳击学校，因此，这里成为了培养英国拳击运动员的摇篮。

英国著名拳击家J·布劳顿于1743年针对拳击比赛的混乱局面，制定出了最早的一份拳击规则，又在1747年设计了拳击手套，对近代拳击运动的开展做出了贡献。1839年，英国颁布了新的伦敦拳击锦标赛规则，1853年进行修改，禁止用足踢、头撞、牙咬的低击等动作，并规定拳击台四周用绳围起。1867年英国记者钱伯斯编写了新的拳击规则，强调拳击中的战术和技巧。1880年伦敦成立了英国业余拳击协会，1881年举行了第1次锦标赛。

1881年，英国业余拳击协会成立，拳击开始传到世界各地。到第三届夏季奥运男子拳击被正式列入比赛项目之一，但在1912年斯德哥尔摩奥运中，由于瑞典法律不准许拳击运动，因此一度消失了。1920年，拳击运动再次列入奥运会比赛

向你展示肌肉运动之美

多巴海峡

项目的名单之中,一直到现在。1924年第8届奥运会前夕成立了国际业余拳击联合会。当今世界上同时存在着两种拳击运动,即职业拳击和业余拳击。奥运会和亚运会的拳击比赛都是属于业余拳击。

通常,人们把拳击称为"艺术化的搏斗"。在进行比赛赛的时候,拳击是运动员双方通过两只拳头的对抗,进行体能、技术和心理的较量。拳击竞技的具体表现形式是两人在正方形的绳围比赛场地中,戴着特制的柔软手套,按一定的规则和技术要求,进行攻防对抗。攻防的武器只能是戴上特制手套的两只拳头,攻防的目标只限于对方腰髋以上的身体部位。

在比赛规则方面,拳击也有

第四章 征服你我的挑战

自己的独特之处。在国际业余拳联自1997年开始实行的新规则中，规定业余拳击比赛实行5个回合制，每个回合打2分钟，回合间休息1分钟；职业拳击比赛一般是实行10~12回合制，回合中间休息1分钟。业余拳击比赛主要靠技术得分来判定胜负，所用拳击手套大而且厚，比赛时运动员要穿背心、短裤、软底拳鞋、戴护头盔。职业拳击比赛主要靠强烈攻击或将对方击倒判定胜负，被击倒一方如果在10秒钟内不能站立起来恢复比赛，就判对方获胜；比赛时职业拳手的手套小而薄，赤裸上身、头部不戴头盔进行比赛。职业拳击比赛设有17个级别，而业余拳击比赛仅仅设有12个级别。

拳击

此外，人们一直对拳击有不同的看法，这也正是拳击的另一个独特之处。拳击是人对人的竞技项目，因而比赛时表现出来的打和被打，以及产生的伤害后果，特别是职业拳击中被打倒不能站起的场面，在许多人的思想上产生极大的异议。这也正是为何人们呼吁取消拳击比赛的原因。

143

向你展示肌肉运动之美

拳击是最复杂的竞技运动之一，它需要肌肉的强大爆发力，需要完善的技术和战术。比赛时面对瞬息万变的赛场情况，要求运动员能在极短的时间内准确地了解对方的基本状况，同时还要迅速作出相应的判断并采取相应的行动，利用强有力的身体和娴熟的技术、多变的战术进行攻击和防守。拳击不但对其爱好者和拳击运动员的身体素质和心理素质提出了很高的要求，而且，对增强拳击爱好者和拳击运动员的身心健康具有极大的锻炼价值，正是由于这些原因，才使得拳击运动具有十分优秀的特点。

【历史见证的光辉】

拳王阿里

阿里原名卡修斯·马塞勒斯·克莱，1964年，他皈依伊斯兰教，并将自己的名字改为穆罕默德·阿里。阿里12岁开始练拳击。1959年、1960年两次获金手套大赛冠军。1960年在第十七届奥运会上获轻量级金牌。此后加入职业选手行列。1964年，22岁的阿里击败了当时拳力最重的拳王利斯顿，夺得世界重量级拳击冠军。1965年，阿里再战利斯顿，他只用了1分42秒就将利斯顿击倒获胜。这一次卫冕成功轰动了世界拳坛。1967年因拒绝应征入伍，被判处5年徒刑。后虽经保释，但仍被吊销

第四章　征服你我的挑战

拳击执照直至1970年。1974年再获世界冠军。1978年第三次获世界重量级拳击冠军。不久宣布退役。1980年重返拳坛。阿里拳法多变，步伐灵活，出拳快速有力，体力充沛，动作协调。在阿里的职业拳击生涯中，共进行60场比赛，胜56场。其中37场将对手击倒在地，输的4场中有3场是以点数少而负于对方。在1996年的亚特兰大奥运会上，阿里被选为点亮开幕式火炬的运动员。他将他的余生贡献给了全人类，1998年，他获得联合国和平信使奖。

拳王阿里

拳坛野兽

泰森的"杀手锏"是连续快速的组合拳——左钩拳和右手重拳，一般来说都是致命的。而他在拳坛上形成的强大威慑力，又成为他"杀人"的另一件重武器。他创造了属于自己的"泰森时代"和一个又一个的奇迹。

1986年11月23日，迈克·泰森速胜伯比克，将WBC王冠据为己有，成为拳击史上最年轻的世界重量级拳王。此后，他又降服詹姆斯·史

向你展示肌肉运动之美

密斯和托尼·塔克，成为WBA、WBC和IBF公认的世界重量级冠军。他在9次卫冕成功后，于1990年2月11日被挑战者詹姆斯·道格拉斯击倒，爆出了拳击史上的大冷门。

由于他生活放荡不羁，很大程度上影响了他的拳击生涯。1991年，他因强奸美国黑人小姐德西蕾·华盛顿而被判入狱。1995年，获假释的泰森重返拳坛，并于1996年3月16日打败英国人弗兰克·布鲁诺，夺回WBC重量级冠军金腰带。同年9月7日，109秒再克布鲁斯·塞尔登，又登上WBA王座。为了同伊万德·霍利菲尔德比赛，泰森先是放弃了WBC的王位，然后又在1996年11月9日被霍利菲尔德打败，爆出拳击史上的又一个冷门。

1997年6月28日，泰森在向霍利菲尔德WBA冠军挑战时，因不满对方屡次搂抱和头撞，而两次怒咬对手的耳朵，被美国内华达州运动委员会吊销了拳赛执照并罚款300万美元。

泰 森

第五章 碧水蓝天里的浪漫

向你展示肌肉运动之美

水上运动是指全部过程或主要过程都是在水下、水面或水上进行的各种形式的体育比赛和活动。它是为了区别于陆上和空中体育项目，根据所处的运动环境而命名的。水上运动可分为水上竞技项目、船类竞技项目、滑水运动、潜水运动。水上竞技项目包括游泳、跳水、水球和花样游泳4项。船类竞技项目包括划船运动、赛艇运动、皮划艇运动、帆板运动、摩托艇运动。滑水运动包括水橇、滑水板和冲浪。潜水运动是运动员借助于轻便的潜水装具（如呼吸管、呼吸器、脚蹼），在水下进行的竞赛和体育活动。潜水运动在游泳池中进行的有竞速潜泳、水下橄榄球、水下曲棍球等；在自然水域中进行的有长距离蹼泳、水下定向、水中狩猎、水下摄影等。为了追求新的带有刺激性和冒险性的运动，人们把许多陆上的运动项目移植到水中进行，创造出水下、水上形形色色的新项目。

第五章　碧水蓝天里的浪漫

游泳类

◆ 蝶　泳

蝶泳是游泳项目之一。蝶泳技术是在蛙泳技术动作基础上演变而来的。当蛙泳技术发展到第二阶段时，也就是1937—1952年这一时期，在游泳比赛中，有些运动员采

蝶　泳

向你展示肌肉运动之美

用两臂划水到大腿后提出水面，再从空中迁移的技术，从外形看，好像蝴蝶展翅飞舞，所以人们称它为"蝶泳"。蝶泳是4种竞技游泳姿势中是最后发展起来的泳姿。由于它的腿部动作酷似海豚，所以又称为"海豚泳"。

1953年，国际泳联规定，蛙泳和蝶泳分开进行比赛。蝶泳与蛙泳分开后，蝶泳成为了一项独立的比赛项目，蝶泳技术得到了迅速发展。近10余年来蝶泳技术都是两臂同时划一次，打水两次。这种游法以1972年第20届奥运会100米、200米蝶泳世界纪录创造者M.皮茨的蝶泳技术为代表。

◆ 自由泳

自由泳是竞技游泳比赛项目之一，对技术没有规则限制。比赛

自由泳

第五章　碧水蓝天里的浪漫

时，运动员多采用最快的爬泳技术，致使人们把爬泳亦称为自由泳。19世纪初，澳大利亚人R.卡维尔用两腿交替打水，取代剪夹水技术取得胜利。1922年美国人韦斯摩洛改进用两臂交替划水和两腿6次交替打水配合，形成现代爬泳模式。1896年第一届奥运会自由泳被列为正式的比赛项目，自由泳不受任何姿势的限制，爬泳的速度最快，也是目前自由泳唯一的姿势，这种姿势结构合理、阻力小、速度均匀、是最省力的一种游泳姿势。

◆ 仰　泳

仰泳是人体仰卧在水中进行游泳的一种姿势。仰泳技术的产生和发展有较长的历史，1794年就有了关于仰泳技术的记载，但是直到19世纪初，游仰泳时仍采用两臂同时向后划水，两腿做蛙泳的蹬水动作，即现在的"反蛙泳"。自1902年出现爬泳技术后，由于爬泳技术合理和速度快，就开始有人采用类似爬泳的两臂轮流向后划水的游法。但是直到1921年才初步形成了现在的仰泳技术。

仰泳技术由于头部露出水面，

仰　泳

向你展示肌肉运动之美

呼吸方便，躺在水面上，比较省力。因此深受中老年人和体质较弱者喜爱。仰泳在1900年第2届奥运会上开始被列为正式比赛项目。仰泳包括反蛙泳和爬式仰泳。反蛙泳是最早出现的一种仰泳，动作近似蛙泳，而身体姿势相反，即人体仰卧水面，两臂从头后经体侧向后划水。最初几届奥运会上的仰泳比赛都是采用反蛙泳姿势。1912年第5届奥运会上，美国运动员H.赫伯纳采用两臂轮流划水、两腿上下打水的仰泳技术，以1′21″2的成绩获100米仰泳冠军，显示了爬式仰泳技术的优越性，而反蛙泳逐渐失去在竞赛中的意义。

◆ 蛙 泳

蛙泳一词在英文里是胸泳或俯泳的意思。早在2000～4000年前，在中国、罗马、埃及就有类似这种姿势的游泳。日本称之为平泳。这

蛙 泳

第五章　碧水蓝天里的浪漫

种游泳姿势因俯卧在水面，划水与蹬腿动作酷似青蛙在水中游进，所以在中国一直称之为蛙泳。

由于蛙泳的速度比较慢，在20世纪初期的自由泳比赛中（不规定姿势的自由游泳），蛙泳不如其它姿势快，使得蛙泳技术受到排挤。随后国际泳联规定了泳姿，蛙泳技术才得以发展。蛙泳是竞技游泳姿式之一。人体俯卧水面，两臂在胸前对称直臂侧下屈划水，两腿对称屈伸蹬夹水，似青蛙游水。蛙泳较省力、易持久、实用价值大，常用于渔猎、泅渡、救护、水上搬运等。比赛项目有男女100米、200米等。

【历史见证的光辉】

飞鱼索普

伊恩·索普14岁就加入澳大利亚国家游泳队，15岁的时候，索普在1998年世界游泳锦标赛上成为最年轻的男子400米自由泳世界冠军。因其姓(Thorpe)与鱼雷（Torpedo）在词形上有相似之处，并且索普的速度堪称泳池内的鱼雷，在澳大利亚享有"飞鱼索普"以及"鱼雷"之称，是世界男子泳坛最著名的选手之一。

与索普这个名字息息相关的两个词语，分别在任何有关于他的新闻中都有亮相：鲨鱼皮以及大脚。索普2000年悉尼奥运会时身穿一袭黑色连体紧身泳装，宛如碧波中前进的鲨鱼，劈波斩浪，一举夺得3枚金牌，而他身穿的"鲨鱼皮泳衣"也从此名震泳界。从此只要有索普比赛的泳池内，都可以看到这种高科技泳衣的影子。另外一个响亮的名次来自他

153

的大脚,早在他17岁的时候,索普的大脚就和他的速度一样闻名天下,17岁的索普所穿鞋子的尺码为17码,而我们常人的鞋子为8.5码(相当于国内使用的41码)。

索普是澳大利亚历史上最出色的游泳运动员之一,五枚奥运金牌得主。自1998年世锦赛后在400米自由泳比赛中保持不败。2000年悉尼奥运会上,索普在200米自由泳比赛中输给了荷兰名将霍根班德,但之后在该项目上再未失手。索普在过去的6年中四次当选世界最佳男子游泳运动员,赢得了11枚世锦赛金牌,其中在2001年的福冈世锦赛上夺得六枚金牌。在2003年巴塞罗那世界游泳锦标赛上,索普成为历史上首位三次夺得世锦赛同一项目金牌的选手。索普还13次打破了长池(50米)的世界纪录,目前仍然保持着男子400米自由泳的世界纪录。

索普由于受到一种叫腺热症的疾病的困扰,2006年11月21日,年仅24岁的伊恩·索普宣布退出泳坛。

巴尔的摩子弹

菲尔普斯是罕见的游泳奇才,目前平均战绩居世界首位。是目前世界上获得奥运金牌最多的运动员,目前已获得14枚!

迈克尔·菲尔普斯已经被一些人视为他所从事的运动历史上最伟大的全能运动员。在2004年的美国选拔赛中,菲尔普斯取得了6个单人游泳项目的雅典奥运会参赛资格,这些项目包括了每种可能的游泳姿势。他最终获得了6枚奥运会金牌,2枚铜牌。

菲尔普斯在2007年墨尔本世锦赛上独揽七金,打破索普保持的一届

第五章　碧水蓝天里的浪漫

世锦赛夺得六金的纪录，此外他还打破了五项世界纪录。截至2007年他在世锦赛上已经夺得20枚奖牌，超越澳大利亚选手哈克特成为世锦赛历史上夺牌最多的选手。

2008年8月17日，北京奥运会游泳比赛水立方的收官之战男子4×100米混合泳接力决赛落幕，美国队在菲尔普斯的带领下获得金牌，菲尔普斯也成功地打破了前辈施皮茨单届奥运会获得七金的纪录，独揽八枚金牌，成为了水立方最大的赢家。

◆ 花样游泳

花样游泳起源于欧洲，1920年花样游泳创始人柯蒂斯将跳水和体操的翻滚动作编排成套在水中表演。1930年后传入美国和加拿大，在原有的基础上又逐渐配上舞蹈、音乐和节奏。起初仅作为两场游泳比赛的场间娱乐节目，后来逐渐融入舞蹈和音乐，成为一项优美的水上竞技项目。1934年在美国芝加哥万国博览会上举行首次表演，从而使其名声大噪。1937年考斯特成立世界上第一家花样游泳俱乐部。1942年美国业余体育联合会确认花样游泳为正式比赛项目。1952年被列为奥运会表演项目。1956年得到国际游泳联合会承认。1973年举行第1届世界花样游泳锦标赛。1984年第23届洛杉矶奥运会上，成为奥运会正式比赛项目，有单人和双人两项，1984年花样游泳被列为正式比赛项目，设女子双人和团体两枚金牌。

花样游泳在我国开展的时间很短，尚属于起步阶段。从1983年开始，我国先后邀请了日本、美国、加拿大等国专家来华讲学。1984年8月举行了首届花样游泳锦标赛。1987年第6届全运会将其列入正式比赛项目。美国和加拿大瓜分了自

向你展示肌肉运动之美

花样游泳

设立花样游泳比赛以来的前四届奥运会所有金牌，但是随着当年的主力在1996年亚特兰大奥运会之后退役，俄罗斯与日本开始崭露头角，并在1998年世界锦标赛中称雄。中国、法国和意大利在这个项目上也进步很快。在亚洲，中国在这个项目上优势明显，日本、韩国将会对中国带来一定的挑战，夺取金牌将是中国花样游泳健儿的目标。

第五章 碧水蓝天里的浪漫

跳水类

◆ **跳台跳水**

跳台跳水是竞技跳水项目之一。在坚硬无弹性的平台上进行。

跳台距水面高度分为5米、7.5米和10米3种，根据参与人数分为单人、双人两种。奥运会、世界锦标赛、世界杯赛限用10米跳台。跳台跳水根据起跳方向和动作结构分向前（面向池向前跳水）、向后（面对台向后跳水）、向内（面对台向内跳水）、反身（面对池反身跳水）、转体（转体跳水）和臂立（臂立跳水）6组。

比赛时，男子要完成4个有难度系数限制的自选动作和6个无难度系数限制的自选

跳台跳水

向你展示肌肉运动之美

动作，女子要完成4个有难度系数限制的自选动作和4个无难度系数限制的自选动作。每个动作的最高得分为10分，以全部动作完成后的得分总和评定成绩，总分高者名次列前。

男、女跳台跳水分别于1904年和1912年被列为奥运会比赛项目。

国际游联跳水技术委员会规定，凡是奥运会和世界杯跳水比赛都必须进行预赛、半决赛和决赛。

预赛中选手的出场顺序将在技术会议中根据计算机随机抽签决定。预赛中成绩最好的18名选手进入半决赛。半决赛中成绩最好的12名选手进入决赛。预赛、半决赛、决赛的成绩不相互累加，每场比赛的分数从0分开始。在决赛中如不采用淘汰制，运动员应按总分排列名次的颠倒顺序进行比赛；在决赛中如果采用淘汰制，运动员应按预赛总得分排列名次的颠倒顺序参加下面的比赛。如出现比分相同，比分相同运动员的比赛顺序由抽签决定。

如果在预赛出现并列18名、或半决赛出现并列12名的选手，并列的选手可以参加下一轮比赛。

在奥运会中，双人比赛没有预赛，直接进行决赛。决赛中共有8队选手（其中之一来自东道主国家）。出场顺序由计算机随机决定。

◆ 跳板跳水

跳板跳水是竞技跳水项目之一。在一端固定，另一端有弹性的金属或玻璃钢跳板上进行。跳板离水面的高度有1米和3米两种。根据参与人数分为单人和双人两种，其中双人跳水只有3米板一种。跳板跳水根据起跳方向和动作结构分向前（面对池向前跳水）、向后（面对板向后跳水）、向内（面对板向内跳水）、反身（面对池反身跳水）和转体（转体跳水）5组。各组均有

第五章　碧水蓝天里的浪漫

作的最高得分为10分，以全部动作完成后的得分总和评定名次，总分高者名次列前。男、女跳板跳水分别于1908年和1920年被列为奥运会比赛项目。

◆ **双人跳水**

　　双人跳水是两名运动员同时从跳板或跳台起跳完成跳水动作，又称双人同步跳水。分双人跳水个人和双人跳水团体两类比赛项目。双人跳水个人比赛包括5轮不同的动作，其中2轮动作的平均难度系数为2.0，其余3轮动作无难度系数限制。在5轮动作中，至少有1轮动作是2人同时向前起跳，1轮动作是2人同时向后起跳，1轮动作是1个人向前起跳和1个人向后起跳的组合动作。双人跳水团体比赛包括8轮动作，4轮跳板跳水，其中2轮

跳板跳水

　　规定动作和自选动作，按两种动作得分总和评定名次。

　　比赛时，男子要完成5个有难度系数限制的自选动作和6个无难度系数限制的自选动作，女子要完成5个有难度系数限制的自选动作和5个无难度系数限制的自选动作。每个动

159

向你展示肌肉运动之美

难度系数为2.0，另外二轮为无难度限制系数；4轮跳台跳水，其中2轮难度系数为2.0，另外2轮为无难度限制系数。在跳板、跳台的各4轮比赛中，至少有1轮动作是2人同时向前起跳，1轮动作是2人同时向后起跳，1轮动作是1个人向前起跳和1个人向后起跳的组合动作。

从2000年第27届奥运会起双人跳水被列为比赛项目，设男子3米跳板双人跳水、10米跳台双人跳水，女子3米跳板双人跳水、10米跳台双人跳水4个项目，共8个队参加比赛。2000年世界杯跳水赛双人跳水的前七名获得参赛资格，东道国澳大利亚队自动获得参赛资格，如果已经获得参赛资格的队不参加奥运会，则由下一个名次替补。

双人跳水

◆ 高空跳水

高空跳水是一种十分惊险的跳水运动。运动员从很高的悬崖上或特制的超高跳台上起跳并完成空中动作后入水。在美国，有一种高空特技跳水比赛，特制的钢架跳台高48米，台面宽约70厘米。运动员自由选择比赛动作，由裁判员评分，得分多者为优胜。在墨西哥，有一种传统的悬崖跳水比赛，悬崖高达60米，下面是大海。运动员所跳动

第五章　碧水蓝天里的浪漫

双人跳水

作与美国48米高空跳水相似。由于高空跳水危险性较大，容易出现伤害事故，所以在世界上开展得不很普遍。

【历史见证的光辉】

跳水女皇

　　高敏出生于四川自贡市，4岁开始习泳。6岁进入四川自贡市少年业余体育学校，先是练习体操，9岁受启蒙导师杨强挑选接受跳水训练。

向你展示肌肉运动之美

1980年入选四川省跳水队，1985年入选中国国家队。

1986年，她赢得首项国际赛锦标——第5届世界游泳锦标赛3米跳板跳水冠军。之后在1988年汉城奥运会赢得中国首枚奥运会跳板跳水金牌，在1992年巴塞罗那奥运会再度胜出。在整个运动员生涯中，她共赢得70多枚国际比赛金牌，11项世界冠军。她也是至今唯一曾在单一国际比赛总积分超过600分的女子跳水运动员（包括1990年亚洲运动会3米跳板跳水项目得到630分）。

1987年至1989年期间，她被美国杂志《游泳世界》连续3年选为世界最佳跳水运动员。1988年、1989年、1990年连续3年被评为中国"全国十佳运动员"，1989年被选为"建国40周年40名优秀运动员之一"。1998年高敏塑像进入国际游泳联合会设于美国佛罗里达州的"名人堂"，表彰她对跳水项目的贡献。

奥运三冠王

克劳斯·迪比亚斯出生于奥地利，在小的时候随意大利裔的父母返回意大利。迪比亚斯从小受着严格的训练，10岁开始练习跳水。他是第一个在奥运会上获得跳水金牌的意大利运动员。迪比亚斯的教练就是他的父亲卡洛，卡洛是1933年至1936年的意大利跳水冠军，并参加了1936年德国柏林夏季奥运会，获得跳台第10名。退役后，克劳斯·迪比亚斯也成为意大利跳水队的教练。

克劳斯·迪比亚斯在1964年日本东京夏季奥运会的跳水比赛中获得跳台银牌。4年后，他在墨西哥城奥运会上夺得男子跳台跳水金牌和跳

第五章　碧水蓝天里的浪漫

板跳水银牌。在随后的慕尼黑奥运会和蒙特利尔奥运会上，迪比亚斯都成功卫冕男子跳台跳水冠军。成为唯一一位连续三届获得奥运会金牌的跳水运动员以及在在连续四届奥运会上都获得奖牌的跳水运动员，1964年奥运会上的一枚跳板银牌还使他的奥运会奖牌总数达到5枚。

船艇类

◆ 帆　船

帆船起源于欧洲，其历史可以追溯到远古时代。帆船是人类向大自然作斗争的一个见证，帆船历史同人类文明史一样悠久。帆船作为一种比赛项目，最早的文字记载见于1900多年以前古罗马诗人味吉尔的作品中。到了13世纪，威尼斯开始定期举行帆船比赛，当时比赛船只没有统一的规格和级别。

帆船运动起源于荷兰。古代的荷兰地势很低，所以开凿了很多运河，人们普遍使用小帆船运输或捕鱼。这种小船由独木或用木排、竹排编制而成，是世界上最早的帆船。

1662年，英王举办了一次英国与荷兰之间的帆船比赛，比赛路线是从格林威治到格来乌散德再到格林威治。这是早期规模较大的帆船比赛。18世纪，帆船俱乐部和帆船协会相继诞生。1720年前后，英、美、瑞典、德、法、俄等国家先后成立了帆船俱乐部或帆船竞赛协会，各国之间经常进行大规模的帆船比赛。如1870年美国和英国举行了第1届著名的横渡大西洋"美洲杯"帆船比赛。1900年举行第一次世界性的大型帆船赛。

1906年，英国的B.史密斯和西

向你展示肌肉运动之美

斯克·史坦尔专程去欧美各国与帆船领导人商谈国际帆船的比赛等级和规则，并提议创立国际帆船竞赛联合会。1907年，世界第一个国际帆船组织——国际帆船联合会正式成立。国际帆联全称International Sailing Federation，简称"ISAF"。ISAF是世界上最大的单项体育联合会之一，现有122个会员国（或地区）管辖了81个帆船级别。目前进入奥运会的项目有9个级别，11个项目。

帆船比赛

◆ 赛艇

赛艇是奥运会最传统的比赛项目之一。赛艇是由一名或多名桨手

第五章　碧水蓝天里的浪漫

坐在舟艇上，背向舟艇前进的方向，运用其肌肉力量，通过桨和桨架简单杠杆作用进行划水，使舟艇前进的一项水上运动。舟艇上可以有舵手，也可以无舵手。

赛艇运动起源于英国。17世纪泰晤士河的船工们经常举行划船比赛。1715年为庆祝英王加冕，首次举行赛艇比赛。1775年英国制定赛艇竞赛规则，同年成立了赛艇俱乐部。

1896年第1届奥运会已将赛艇列为正式比赛项目，但由于天气恶劣临时取消。1900年第2届奥运会上举行了赛艇比赛，设6个单项。1934年，国际赛艇联合会规定比赛必须在2000米的直道上举行，宽度至少可容纳3条艇比赛。由于奥运会设立赛艇项目，并设有较多单项，促使各国对赛艇运动高度重视，推动了这项运动的发展。

从1976年开始，允许女子运

赛　艇

向你展示肌肉运动之美

动员参加奥运会赛艇比赛。历届奥运会女子赛艇比赛项目变化见表。1996年亚特兰大奥运会，轻量级赛艇比赛及新规则被引入奥运会，男子、女子同时设立了轻量级赛艇项目，比赛仍为14项。

◆ 皮划艇

皮划艇分皮艇和划艇两个项目。皮艇起源于格陵兰岛上的爱斯基摩人所制作的一种小船，这种船用鲸鱼皮、水獭皮包在骨头架子上，用两端有桨叶的桨划动。划艇则起源于加拿大，因此又称加拿大划艇。实际上，这两种艇都是从独木舟演变而来的，因此东南亚的一些国家和地区，如日本、韩国、朝鲜、香港、澳门等地都把皮划艇称为独木舟。

现代的独木舟运动——皮划艇是1865年开始的，苏格兰人麦克格雷戈以独木舟为蓝图，仿制了一条名为"诺布·诺依"号的小船，长4.57米，宽0.76米，重30公斤。麦克格雷戈从1865—1867年划船周游了法国、德国、瑞典等欧洲国家，编写了《诺布，诺依千里行》一书，从而积极推广了皮划艇运动。1867年他所创建的英国皇家皮划艇俱乐部，举办

皮划艇

第五章　碧水蓝天里的浪漫

了第一次皮划艇比赛。此后，皮划艇运动逐渐兴起，到19世纪末，皮划艇运动已成为欧美各国广泛开展的一项体育活动。

◆ F1摩托艇

摩托艇运动是一个新兴的体育项目，就世界范围讲，它发展于十九世纪初。我国开展较晚，始于上世纪五十年代。1981年我国加入了世界摩托艇协会组织，成为会员国之一。摩托艇是一种高速快艇，它以汽油机、柴油机或涡轮喷气发动机等为动力。有两大类：一类是实用性艇，可直接用于交通、救生、军事、生产；一类是竞赛用艇，专用于体育竞赛。它们都具有体积小、重量轻、高速机动、操纵简便的特点。

摩托艇项目是集竞争性、观赏

F1摩托艇

167

性和刺激性于一体富有现代文明特征的高科技竞技体育项目。比赛时壮观激烈、精彩纷呈、惊心动魄，深受观众的喜爱。一级方程式（简称F1）摩托艇世界锦标赛是由国际摩托艇联盟（简称国际摩联）于1981年发起组织的，它和奥运会、世界杯足球赛、F1汽车赛一道，被公认为世界具有最大影响力和最高收视率的世界四大体育赛事之一。

F1摩托艇世锦赛是系列赛事，其惊险性和观赏性在于其风驰电掣最高250公里/小时的超高速和从0到100公里/小时加速只要3.5秒钟，代表了水上摩托艇运动的最高水平。其驾驶员技术、摩托艇与发动机技术三者结合，代表了人类向速度极限挑战的一种超越，是现代文明中高速度、高科技的天然载体和象征。

其他类

◆ 滑 水

滑水运动（water skiing）是人借助动力的牵引，在水面上"行走"的水上运动。滑水项目是一项惊险而优美的水上运动，誉称"水上的芭蕾"。滑水者，在高速艇的牵引下，脚踏水撬，跳、转、跨、翻、旋等一气呵成，如蛟龙戏水，赏心悦目、精彩诱人。

滑水者通常要穿着"水鞋"即水橇在水面上完成各种动作。根据滑水者所使用的水橇种类或不使用水橇，滑水大致可以分成花样（Tricks）、回旋

第五章　碧水蓝天里的浪漫

滑　水

（Slalom）、跳跃（Jumping）、尾波（Wakeboard）、跪板（Kneeboard）、竞速（Ski Racing）、赤脚（Barefoot）等项目。滑水既可以使人感受高速滑行带来的刺激，又能使人体会翻、转、跳、跃带来的"玩"快乐，让人充分享受夏日蓝天碧水的温情以及体育运动带给人的无穷乐趣。

滑水运动最早起源于20世纪初的美国，并迅速在欧美等发达国家普及开来。20世纪40年代，成立了滑水运动的国际组织—国际滑水联盟，并开始举办国际性滑水比赛。1988年，国际滑水联盟正式更名为国际滑水联合会。滑水运动是国际奥林匹克运动委员会正式承认的运动项目。

◆ 冲　浪

最早，冲浪运动出现在19世纪70年代末的夏威夷群岛海滩。1878

向你展示肌肉运动之美

年，一位名叫科克的美国轮船船长在其轮船驶近夏威夷港时，发现4个印第安人骑在一个约5米长的树干上，海浪时而把树干冲到峰顶，时而又将它落入浪谷。科克起初以为他们是落难者，后来一问才知道，他们是在冲浪玩。这便是最早关于冲浪运动的记载。

1908年后冲浪运动传到欧美一些国家。1960年后传到亚洲。近一、二十年冲浪运动有较大发展，北美洲、秘鲁、夏威夷、南非和澳大利亚东部海滨都曾举行过大型的冲浪运动比赛。

冲浪运动曾创造了许多令人难以置信的奇迹，常使人惊讶不已。1986年初，两名法国运动员庇隆和皮夏凡，脚踩冲浪板，从非洲西部的塞内加尔出发，横渡大西洋，二月下旬到达中美洲的法属德罗普岛，历时24天12小时。

冲 浪

第六章 冰天雪地中的激情

向你展示肌肉运动之美

滑冰是人们利用冰刀在冰上滑行的冬季运动项目，起源于10世纪的荷兰。滑冰运动不仅能够锻炼增强人体的平衡能力、协调能力以及身体的柔韧性，同时还可增强人的心肺功能，提高有氧运动能力。它还能够有效地锻炼下肢力量，十分适合开车族。还有很好的减肥效果。对于青少年来说，滑冰有助于孩子的小脑发育。穿上冰刀在冰面上尽情奔驰，豪情一番，不仅放松心情，更获得融入自然的乐趣。很多人认为，滑冰是从外国传来的"洋玩意"，事实上，早在八九百年以前，我国就已经有了滑冰运动，不过，那时不叫滑冰，而称之为"冰嬉"。

滑雪是一项既浪漫又刺激的体育运动。滑雪是运动员把滑雪板装在靴底上在雪地上进行速度、跳跃和滑降的竞赛运动。滑雪板用木材，金属材料和塑料混合制成。滑雪竞赛主要有两种：北欧滑雪和高山滑雪。 高山滑雪由滑降，小回转和大回转（障碍滑雪）组成。高山滑雪混合项目，由上述三个项目组成。北欧滑雪（比赛）包括个人越野滑雪赛和男子接力赛和女子接力赛。此外还有跳台滑雪赛，以及北欧混合项目比赛，包括越野赛和跳台赛。早在几千年前，当人们的生产条件还很落后的时候，人类为了在恶劣的自然环境中生存，发明了可以代替行走的滑雪板，它的应用使得人们可以在浩瀚的森林中任意驰骋追寻猎物。滑雪运动起源并发展于斯堪的纳维亚国家。一般说来，斯堪的纳维亚国家在北欧滑雪项目上占优势，阿尔卑斯山脉国家高山滑雪项目上占优势。

第六章　冰天雪地中的激情

滑冰类

◆ **速度滑冰**

从10世纪开始，出现用骨制的冰刀滑冰。到1250年左右，荷兰盛行钉在木板上的铁制冰刀，绑在鞋上，在冰面上滑行。17世纪，铁制冰刀有了改进，有人发明了管式铁制冰刀，使速滑运动有了新的发展。

国际性速滑比赛，始于19世纪末。1889年，在荷兰的阿姆斯特

速度滑冰

向你展示肌肉运动之美

丹举行了第1届国际速滑比赛。参加国有荷兰、挪威等13个国家，并商定以后每年举行一次世界性比赛。1892年，正式成立了国际滑冰联盟，它负责组织比赛的项目有速度滑冰和花样滑冰，并规定每年举行1次世界男子速滑锦标赛。1893年，举办了第1届世界男子速滑锦标赛；1936年，举办了第1届世界女子速滑锦标赛；1924年，第1次举行冬季奥运会，仅设男子速滑比赛项目；1960年，增加了女子速滑比赛项目。

◆ 短道速滑

在速度滑冰（长道）成为一项国际化的运动项目后不久，短道速滑开始在欧洲出现。1889年举行了第一届长道速度滑冰世界锦标赛，三年之后，国际滑冰联盟(ISU)于1982年成立。但是直到二十世纪初期，短道速滑才在北美地区举行公

短道速滑

第六章　冰天雪地中的激情

开的比赛。1906年，美国和加拿大联合举办了短道速滑的国际比赛，1921年开始举行每年一度的国际短道速滑锦标赛。

1920—1940年间，短道速滑在北美地区迅速普及。1932年冬奥会的组织者甚至把长道速滑改成类似于短道速滑的的形式，其刺激程度也大大增加。1976和1977年举行了最初的两届短道速滑世界锦标赛，但是没有得到ISU的正式承认。ISU官方承办的短道速滑锦标赛开始于1978年，但是第一届ISU短道速滑世界锦标赛直至1981年才在法国的默东举行。

1998年的卡尔加里冬奥会上设置了短道速滑的10个表演项目，直到1992年阿尔贝维尔冬奥会才正式被设立比赛项目，此次一亮相就引起了极大的轰动，取得巨大的成功。

◆ 花样滑冰

花样滑冰是（运动员）穿上用长而薄的金属刀片装在靴底的冰鞋（靴），靠自身力量在冰上滑行的一项运动。花样滑冰有男子单人滑、女子单人滑和男女双人滑。

花样滑冰起源于18世纪的英国，后相继在德国、美国、加拿大等欧美国家迅速开展。1772年英国皇家炮兵中尉约翰逊撰写的《论滑冰》在伦敦出版，这是世界上出版的第一部涉及到花样滑冰的书籍。1863年美国芭蕾舞表演艺术家海因斯将滑冰运动与舞蹈艺术融为一体，在欧洲巡回表演，丰富了花样滑冰的内容和形式。1868年美国的丹尼尔·梅伊和乔治·梅伊（george Mey）首次表演双人滑，这是世界上有记载的最早的花样滑冰表演。

1872年奥地利首次举办花样滑冰比赛。1896年在俄国彼得堡举行首次世界男子单人花样滑冰锦标赛，1906年在瑞士达沃斯举行首届世界女子单人花样滑冰锦标赛，

175

向你展示肌肉运动之美

花样滑冰

1952年在法国巴黎举行第一次世界冰上舞蹈锦标赛。花样滑冰的冰场

第六章　冰天雪地中的激情

长56~61米，宽26~30米，冰的厚度不少于3~5厘米。1924年被列为首届冬奥会比赛项目。有男、女单人滑（1924年列入），男女双人滑（1924年列入）和冰上舞蹈（1976年列入）4个比赛项目。每个国家和地区每项限报3人（队）。

◆ 冰　舞

冰舞起源于花样滑冰，始于20世纪30年代的英国。偏重舞步，强调用动作表达音乐。1937年英国举办首届冰上舞蹈锦标赛，1949年起被列为单独比赛项目。

冰上舞蹈是一对男女伴随着音乐的节奏在冰上进行一些舞蹈步法和舞姿滑行的表演。经过多年演变，已经超出了花样滑冰的范围，因而单独形成一项冰雪运动的比赛项目。

冰舞

向你展示肌肉运动之美

双人滑和冰上舞蹈区别：冰上舞蹈不允许用托举动作。冰上舞蹈的编排不是随意的，冰上舞蹈必须完成规定的各种舞蹈。

冰上舞蹈的比赛分三部分，分别是规定舞（规定图形）、创编舞和自由舞。规定舞（规定图形）必须首先滑行。创编舞必须在规定舞之后，但不得在同一天。自由舞必须最后滑行。

冰上舞蹈的一些基本连贯动作是：夏塞步侧步快滑，乔克塔步和莫霍步。

由一男一女配对参赛。比赛按规定舞、创编舞和自由舞的顺序进行，第一天规定舞，第二天创编舞，第三天自由舞。

①规定舞（Compulsory dance）：根据规定的音乐、图案、步法和重复次数完成动作。规定舞共有22

冰舞

第六章　冰天雪地中的激情

套，国际滑冰联盟用抽签方法确定两套作为下年度的比赛项目。裁判员根据运动员完成动作的质量和姿势评定技术分和表演分。

②创编舞（Original dance）：又称定型舞。运动员按规定的韵律自选音乐，在规定的时间内完成一套自编的舞蹈步法和图案。裁判员根据运动员完成的动作情况评定编排分和表演分。

③自由舞（Free dance）：运动员自选音乐，在规定的4分钟内完成由各种步法、托举、小跳、姿势、握法等动作组成的自编舞蹈，裁判员根据运动员完成动作的质量、风格和创新等评定技术分和艺术印象分。冰上舞蹈的评分和确定名次的方法同单人滑。

冰上舞蹈有别于男女双人花样滑冰，它偏重于舞步，对技巧性动作有严格的限制：不允许有典型的双人滑动及单人滑的跳跃与旋转动作，诸如太多、太高或超过一周半转体的托举，两人太多、太长的分离，两人同时的跳跃，以及过多的造型等，更忌讳单手相拉的姿势和滑行中一人在另一人身上坐、靠、躺的造型动作。上述动作在冰上舞蹈比赛中出现，都要被扣分。

【历史见证的光辉】

冰坛王子

世锦赛、欧锦赛、大奖赛、俄罗斯杯冠军——普鲁申科，年纪轻轻便几乎囊获了所有滑冰比赛的头衔。1998年他才初出茅庐便取得了世锦赛铜牌，年仅15岁。但他绝非璀璨的流星般一夜成名。他的故事再一次证明，只有努力甚至是牺牲的付出，梦想才能转变成为理想。

普鲁申科多年来一直以其卓越的跳跃能力而闻名，他总是试图在原有基础上能推陈出新。1999年NHK杯，他的第一跳按以往经验应是4-3，但他却出人意料的又接了一个两周跳，难度之大令人叹为观止成就了滑冰史上首次的4-3-2。人们都无法质信于这一创新动作，尽管部分人事先在训练中曾经看到普鲁申科成功完成过。

至此，4-3-2也成了普鲁申科的杀手锏之一。他自己也很满意这个创编，并且计划不久就能做到4-3-3。后来虽然在训练时他俐洛的完成过这个动作，但他打算将其作为2002奥运的取胜绝招一直保留到了02俄罗斯杯上。那天的自由滑上，普鲁申科在第一跳中再次改写了历史，他稳稳落地完成了4-3-3。此外，普鲁申科还是有史以来唯一一个能做贝尔曼旋转的男子滑冰运动员，该动作要求极高的身体柔韧性。

第六章　冰天雪地中的激情

滑雪类

◆ **越野滑雪**

据记载，1226年挪威内战时期，两名被称为"桦木腿"的侦察兵，怀藏两岁的国王哈康四世，滑雪翻越高山，摆脱了敌人。现在挪威还每年举行越野马拉松滑雪赛，距离35英里，与当年侦察兵所滑路程相同。越野滑雪比赛路线分上坡、下坡、平地，各占全程的三分之一。单项比赛出发时，每次1人，间隔30秒，顺序由抽签决定，以到达终点的时间确定名次。接力项目比赛时，集体出发，道次由抽签决定，以每队队员滑完全程的时间之和计算成绩和名次。

1924年，越野滑雪被列为首届冬奥会比赛项目，现设男子10公里（1992年列入）、15公里（1924年列入）、30公里（1956年列入）、50公里（1924年列入）、4×10公里接力（1936年列入），

越野滑雪

女子5公里（1964年列入）、10公里（1952年列入）、15公里（1984年列入）、30公里（1992年列入）、4×5公里接力（1956年列入）。

◆ 跳台滑雪

跳台滑雪简称"跳雪"，就是运动员脚着特制的滑雪板，沿着跳台的倾斜助滑道下滑，借助速度和弹跳力，使身体跃入空中，使整个身体在空中飞行约4～5秒钟后，落在山坡上。

这项运动最早起源于挪威，相传古时的挪威统治者想出一种处罚犯人的刑法，就是把犯人两脚各缚一块雪板，从有雪的高山往下推，让他自行滑下，当通过断崖的凸处时，身体就会抛向空中，最后落在山下摔死。后来，这种跳下滑雪的动作就逐渐地演变成现代的跳雪运动。

跳台滑雪是冬季奥运会的比赛项目之一。根据国际滑雪联合会规定，在冬季奥运会及世界滑雪锦标赛的跳雪比赛中，设有70米级和90米级台的两个跳雪项目。在1964年以前的8届冬季奥运会中，由于跳台规格不统一，只能以主办国的跳台

跳台滑雪

第六章　冰天雪地中的激情

为标准进行比赛。从1964年第九届冬季奥运会开始才统一跳台级别，分别规定为上述的70米和90米两种。这并不单是指跳台高度，还包括跳台助滑道的坡度即35~40度，以及长度80~100米。

◆ 高山滑雪

高山滑雪起源于北欧的阿尔卑斯地区，故又称阿尔卑斯滑雪，比赛项目有大回转障碍降下、回转障碍降下和快速降下。1850年挪威的泰勒马克郡出现改变方向和停止滑行的旋转动作。1868年挪威滑雪运动奠基人诺德海姆等人在奥斯陆滑雪大会上表演了侧滑和S形快速降下技术。1890年奥地利的茨达尔斯基发明了适合阿尔卑斯山地区特点的短滑雪板及滑行技术，1905年他在维也纳南部的利林费尔德进行了

高山滑雪

向你展示肌肉运动之美

高山滑雪史上第一次回转障碍降下表演。1907年英国创立阿尔卑斯滑雪俱乐部，这是世界上第一个高山滑雪组织。1910年，奥地利的比尔格里上校组织具有军事性质的高山滑雪学校，第一个采用深蹲姿势持双杖快速下降、制动转弯的滑法。1921年，英国的伦恩在瑞士组织了高山滑雪史上的首次回转和速降比赛。1922年，奥地利的施奈德创办高山滑雪学校。1931年起举办世界高山滑雪锦标赛。1936年起被列为冬奥会比赛项目。

◆ 回转滑雪

回转是高山滑雪比赛项目之一，也称回转滑雪或回转障碍，1948年第5届冬季奥运会开始列为比赛项目。比赛在覆雪的山坡上进行。线路坡度为20～27度，部分很短的坡度可以小于20度和超过30度高，长度为男子600～700米，女子400～500米，宽度至少40米。起终点高标差男子180～220米，女子140～180米。线路上设置多种形式的旗门，组成障碍。运动员从山顶沿线路连续转弯穿越旗门障碍下滑。旗门由两根回转标杆和两面规格为24厘米×22厘米的门旗组成，旗门宽4～6米，门旗有红、蓝两种颜色。旗门设置应包括开口旗门（与线路方向垂直）、闭口旗门（与线路方向平行）以及3～4个旗门组成的旗门组，男子55～75个，女子45～65个。两个连续旗门之间的距离最短0.75米，最长15米。滑行时碰倒旗杆不算犯规，漏门或骑杆过门则属犯规，不计成绩。比赛前运动员可以由下往上察看线路，但不得由上向下模拟滑行。比赛时运动员须在两条不同的线路上各滑行一次，以两次滑行时间之和判定名次，时间少者名次列前。如第1次滑行犯规，则失去第2次滑行机会。

第六章　冰天雪地中的激情

回转障碍

◆ 单板滑雪

单板滑雪（又称滑板滑雪）起源于20世纪60年代中期的美国，其产生与冲浪运动有关。舍曼·波潘1965年把两个滑雪板绑在一起，偶然中就创造了两脚踩踏在一整块板上的新"滑雪板"。单板滑雪又称冬季的冲浪运动，单板滑雪选手用一个滑雪板而不是一双滑雪板，利用身体和双脚来控制方向。进入20世纪80年代，滑板滑雪开始风靡美国，之后又传到欧洲。1982年，美国举行了单板滑雪全国锦标赛，1983年举行了首届世界锦标赛，1990年成立国际滑板滑雪联合

向你展示肌肉运动之美

单板滑雪

会（ISF），1994年国际滑联将滑板滑雪定为冬奥会正式项目，1998年日本长野冬奥会首次举行了滑板滑雪比赛。

◆ 自由式滑雪

自由式滑雪于20世纪60年代在美国诞生，当时的美国正处于一个变革的时期，人们渴望自由的心理促使这项全新的刺激的滑雪项目出现在人们面前。此项目最初只是将高山滑雪和杂技集于一身，经过最近几十年的发展，变成了今天的样子。

首次自由式滑雪比赛是于1966年在新罕布夏州举行的，在随后的十年中，很多勇敢者创造出了大量的惊险动作，此项运动也逐步成

第六章　冰天雪地中的激情

型。

国际滑雪联合会在1979年正式承认自由式滑雪项目，并且在运动员及其跳跃技巧方面制定了新的规则，以减小此项运动的危险性。首届世界杯自由式滑雪系列赛在1980年举行，法国也在1986年举办了首届世界自由式滑雪冠军赛。自由式滑雪又分为三个小项，包括雪上技巧、空中技巧和雪上芭蕾。

自由式滑雪

雪橇类

◆ **有舵雪橇**

关于有舵雪橇的起源说法不一,有一说是源于18世纪后期的英国,在当时,有英国人把平底的雪橇安装了车板,后来,新的雪橇安装了金属舵板和制动闸,成为了有可能是历史上首辆的有舵雪橇。另外的一个说法是起源19世纪末的瑞士,但后来证实了早在1880年左右,美国的纽约州就已经出现木制雪橇赛跑的纪录。

而有舵雪橇与跳台滑雪一样,都于第一届冬季奥运中成为了正式的比赛项目。现在,有舵雪橇在冬季奥运中设立了三个小项,包括男子双人、男子四人及女子双人小项。在首两届的冬季奥运中只设男子四人小项,美国宁静湖冬季奥运中新增了男子双人小项,后来的美国盐湖城冬季奥运中,女子双人小项成为了并中一项有舵雪橇项目的小项之一,而美国的Vonetta Flowers成为了第一位赢得冬季奥运的非裔美国人。

从1924年第一届冬季奥运会开始,历届都把有舵雪橇列为正式项目。从1932年的第三届冬季奥运会开始,又增加了男子双人有舵雪橇比赛项目。但由于场地条件等情况不完全一致,所以这项运动没有世界纪录。

◆ **无舵雪橇**

无舵雪橇,也称平底雪橇、运动雪橇或短雪橇,雪橇运动项目之一。无舵雪橇是一种仰面躺在雪橇

第六章　冰天雪地中的激情

无舵雪橇

上，双脚在前，通过变换身体姿势来操纵雪橇高速回转滑降的运动。雪橇为木制，底面有一对平行的金属滑板。男、女单人项目比赛

每队限报3人，每名运动员可滑行4次，以4次滑降时间总和计算名次，少者为胜。双人项目比赛时每队不得超过两名运动员，每名运动员可滑行两次，以两次滑降时间总和评定名次，少者列前。

无舵雪橇的存在历史比有舵雪橇早得多，8世纪初的奥斯陆就有类似雪橇的运输工具存在，早在1480年挪威就已出现无舵雪橇。1883年瑞士在达沃斯举行了世界上第一次无舵雪橇比赛。1889年德国成立无舵雪橇俱乐部。有男子单人、双人和女子单人3个比赛项目。1957年国际无舵雪橇联合会正式成立，并决定从第9届冬奥会开始进行无舵雪橇比赛，在非冬奥会年份，每年举行世界锦标赛、欧洲锦标赛及各种杯赛。无舵雪橇有男子单人、双人及女子单人3个比赛项目。男子线路长1000米左右，女子线路长800米左右。1964年在第九届冬季奥运会中被列为正式比赛项目。

第七章 竞技体育项目

向你展示肌肉运动之美

当今世界所开展的竞技运动项目是社会历史的产物。远在公元前700多年的古希腊时代，就出现了赛跑、投掷、角力等项目，发展至今已有数百种之多。普遍开展的项目有田径、体操、篮球、排球、足球、乒乓球、羽毛球、举重、游泳、自行车等。各国、各地区还有自己特殊的民族传统项目，如中华武术，东南亚地区的藤球、卡巴迪等。其发展与国家、地区的政治、经济、文化教育、科学技术密切相关。

这一章，我们将从自行车比赛项目，赛车运动的起源与分类，体操赛的比赛项目，现代全能运动的规则等各种比赛中了解到竞技体育项目的丰富，同时我们也可以从这些竞技体育项目中看到它们在全世界范围内的广泛开展，及其具有的强烈的感召力和感染力。

第七章　竞技体育项目

自行车比赛

◆ **场地自行车赛**

场地自行车运动起源于19世纪，它的第一个世界冠军在1895年。发展至今，场地自行车比赛已经包含了计时赛、追逐赛、奥林匹克竞速赛等许多项目。这项运动把力量与技巧有机结合了起来，充分展示出了速度的美。

早年英格兰和美国在场地自行车比赛中占绝对优势，随后场地自

场地自行车赛

向你展示肌肉运动之美

行车运动日渐兴起,且在欧洲尤为盛行。场地自行车运动有着丰富的历史,受到广泛的社会关注,如今它已经成为一项全球性的体育运动,受到全世界的关注,在世界各地有很多爱好者。

◆ 公路自行车赛

公路自行车比赛始于19世纪的欧洲,首次有记载的公路自行车比赛是1868年5月31日在巴黎的St Cloud公园举行的。据说世界首次女子自行车赛是1888年在悉尼市郊的Ashfield举行的。

随着各大公路自行车赛事的不断涌现和发展,世界对公路自行车赛事也越来越关注。较早的赛事有利吉-巴斯托尼-利吉自行车赛(1892年)、巴黎-鲁贝自行车赛(1896年)、环伦巴第自行车赛(1905年)、米兰-圣雷莫自行车赛(1907年)和环法兰德斯自行车赛(1913年)等一日赛,以及环法自行车赛(1903年)、环意大利自行车赛(1909年)和环西班牙自

公路自行车赛

第七章　竞技体育项目

行车赛（1935年）等多个经典赛。

◆ 山地自行车赛

20世纪70年代，山地自行车运动起源于圣弗朗西斯科（旧金山），在当时来讲是一个较新的体育项目。山地自行车运动包括两个主要的比赛种类——越野赛和速降赛。越野赛通常赛程为30～50公里，历时2小时左右；速降赛是运动员从下山的崎岖赛道上高速滑下的一种比赛。

山地自行车运动在世界各地都极为流行。1990年在美国举行的第一届世界锦标赛就吸引了30000名观众到场。而在六年后的亚特兰大奥运会上，山地自行车运动被列为奥运会正式比赛项目，这也充分证

山地自行车赛

向你展示肌肉运动之美

明了这项运动的魅力。

◆ 小轮车赛

小轮车（BMX）运动起源于20世纪60年代的加利福尼亚，在很短的时间里便以其独特的魅力征服了全美国。对很多青少年来说，越野摩托车可望而不可及，但是这项运动却可以使他们体会到在自建的越野跑道上驾车飞驰的美妙感觉。虽然使用的是自行车，但这并不妨碍他们充分体会那瞬间的撞击所带来的刺激与兴奋。对于青少年来说，BMX的花销相对低廉而且也不用去离家太远的练习场。

20世纪70年代初，美国建立了最早的BMX组织，这也被认为是BMX成为正式运动项目的标志。在其后的十年间，小轮车运动又传入了其他一些国家。1981年4月国际

小轮车赛

第七章　竞技体育项目

BMX联盟正式成立，1982年举行了第一届世界BMX锦标赛，到这时BMX这一独特的运动项目便在全球范围内迅速发展起来。由于这项运动与自行车运动有较多的相似，1993年BMX正式成为自行车运动大家庭的一员。继美国之后在欧洲的一些国家和澳洲BMX也有蓬勃的发展，但美国仍是这个项目的超级强国。

小轮车发展至今，已经脱离了单一在练车场中进行比赛的模式，而发展生出了更多的项目。具体分为五种：第一种是最原始的泥地竞速比赛。第二种DIRTJUMP，泥地跳跃比赛，是利用泥土做成的坡度进行跳跃花式比赛。第三种称为STREET，街道比赛，是利用模仿街道障碍的道具场地进行比赛。第四种HALFPIPE，半管道比赛，是在半管道场地里进行跳跃花式比赛。第五种FATLAND，平地花式比赛，是在指定的平地里利用BMX车做各种平衡滑行的动作进行比赛。

赛　车

◆ **方程式汽车赛**

所谓"方程式"赛车是按照国际汽车运动联合会（FIA）规定标准制造的赛车。这些标准对"方程式"赛车的车长、车宽、车重、发动机的功率、排量、是否用增压器以及轮胎的尺寸等技术参数都作了严格的规定。F1大赛的统筹工作，均由FIA安排。FIA负责制订车赛的规则，拟定比赛时间表和选择

赛车的场地等。

方程式汽车比赛的项目有：F1、F-3000、F-3、亚洲方程式、无限方程式、福特方程式、雷诺方程式、卡丁车方程式等。

方程式汽车赛

【历史见证的光辉】

车王舒马赫

可以说，舒马赫是当之无愧的车神，如果说舒马赫之所以能取得世界冠军是因为他所效力的是一支好的车队，那么，在2003赛季，舒马赫

第七章　竞技体育项目

的表现可以将这一番言论彻底粉碎。在赛季之初，舒马赫的实力一度受到怀疑，2003赛季舒马赫的冠军应该说是赢的最艰难的一次。F2003-GA并没有真正让舒马赫成为无敌，在关键时刻，舒马赫靠的是自己的经验，出色的技术，以及临场的发挥，当然最不能缺少的是天赋，舒马赫就是集这些因素于一家的车王。当然，你可以说舒马赫有很多缺点，他在比赛关键时刻的抉择的确受到一些争议，但月无圆月，人无完人。2004赛季，舒马赫续写着辉煌，他的红色江山，已没有人敢觊觎！尽管2007年，舒马赫走了，但我们知道他永远是舒迷心中的王者！

◆ 汽车拉力赛

汽车拉力赛是在一个国家内举行或者跨越国境举行的多日的、分段的长途汽车比赛。比赛的路面既有平坦的柏油公路，也有荒山野岭的崎岖山路。比赛时，路线上不断绝其他车辆通行，限定参赛汽车每天行驶的路程及到达时间。路线上设检查站检查是否在规定时间内通过，这是一种既检验车辆性能和质量，又考验驾驶员技术的比赛。

参赛汽车必须是批量生产的小轿车或经过改装的车。短的拉力赛需要几天，长者可持续几十天。拉力赛将出发地到终止地之间的路程分成若干个行驶路段和赛段，并在沿途设有给养站和休息站。在行驶路段行驶时，参赛汽车受到一定的时速限制，并须按规定时间抵达各路段的终点，既不能提前也不能拖后，行驶中要遵守当地的交通规则，违反规则者将被扣分。在赛段中，赛车可以全速行驶，有时车速可高达每小时200千米以上。在整个拉力赛结束以后，以跑完全程累

向你展示肌肉运动之美

汽车拉力赛

积时间最少和被扣分数最少的汽车和驾驶者为优胜。

首次正式的汽车拉力赛于1900年在英国举行,全程长1600余千米。路程最长的汽车拉力赛是1977年举行的从英国伦敦到澳大利亚悉尼的拉力赛,全程长31100多千米,用时46天。目前世界著名的汽车拉力赛有巴黎至达喀尔拉力赛、欧洲的蒙特卡洛拉力赛和东非萨法里拉力赛等。

◆ 汽车越野赛

汽车越野赛是在一个国家的公路和自然道路上举行的允许对该国进行考察的汽车比赛。经过几个国家的领土总长度超过10000公里或跨洲的比赛称马拉松越野赛。除国际汽联特别批准外,越野赛的赛程不得超过15天,比赛

第七章　竞技体育项目

冰雪汽车越野赛

必须在白天进行，且采用单车发车方式。比赛每经过10个阶段后至少休息18个小时。每阶段的行驶距离自定，但越野赛规定每个赛段的最大长度不超过350公里，马拉松越野赛规定每个赛段的最大长度不超过800公里。必须使用在国际汽联注册的全轮驱动汽车参赛。

1996年国际汽联首次对越野赛实行世界杯赛制，其中较著名的比赛有巴黎—达喀尔越野赛、突尼斯国际汽车赛、巴黎至莫斯科至北京马拉松汽车越野赛、阿拉伯联合酋长国沙漠挑战赛等。

向你展示肌肉运动之美

◆ MOTOGP

MOTOGP即世界摩托车锦标赛，亦作世界摩托车大奖赛，常用简称摩托GP和GP赛，是摩托车公路赛中最重要的一项赛事，其重要性之于二轮赛车相当于F1之于四轮赛车。它由国际摩联（FIM）主办，各分站赛主办国负责承办每场具体的比赛，具体管理和争端仲裁则由摩托GP赛事委员会执行。

由于GP赛的摩托车体比F1赛车窄，参赛车辆多，超车场面多，危险性大，排名变化快，且不存在进站策略，很多人认为摩托GP比F1更据观赏性，也更精彩刺激。

摩托GP是1949年由国际摩联（FIM）统一规则后形成的世界摩托车公路锦标赛，比F1还早一年，开始时称为WGP，全部赛事都在欧洲进行，且一年只有6站比赛。1951年有了8站比赛，到1961年有10站，且加入了阿根廷的布宜诺斯艾利斯站，赛事进入南美。1964年，比赛首次加入美国站。1967

MOTOGP（世界摩托车锦标赛）

第七章　竞技体育项目

年，首次加入加拿大站。1969年，增加为12分站。在整个20世纪70年代，赛事发展缓慢，于1972年增加为13站。进入20世纪80年代，比赛开始在全球范围内飞速发展。首次加入的分站有：1983年南非站、1987年日本站、1988年巴西站、1990年澳洲站、1991年马来西亚站、1996年印度尼西亚站、2004年卡塔尔和中国。其间2000到2003年，日本有两个分站。1987年分站数量增为15站。从1999年至今，每年有16个分站的比赛，分散在全球五大洲。

体　操

◆ 自由体操

自由体操19世纪初起源于德国，它需要在规定的场地和时间内完成编排成套的徒手和技巧动作。比赛场地面积12×12米，铺设地毯或弹性地板。比赛时间男子为50～70秒，女子为70～90秒。1958年第10届世界体操锦标赛规定女子自由体操必须有音乐伴奏。1903年，自由体操成为世界体操锦标赛比赛项目。男、女自由体操分别于1932年和1952年被列为奥运会比赛项目。

自由体操决赛时每队最多两名运动员参赛，只有团体赛自由体操成绩排位前八名或前六名者才有参赛资格。自由体操比赛只比自选动作，将运动员在团体赛中规定动作与自选动作总得分的二分之一，加上决赛中自选动作的得分，作为最

向你展示肌肉运动之美

后得分排列名次，得分高者名次列前。男、女满分均为20分。从1992年奥运会起，团体分不带入单项赛，仅以自选动作的比赛成绩确定名次，男、女满分均为10分。从2006年使用体操新规则起，得分不设上限。由A分和B分两部分组成。A分为难度分，不设上限。B分是完成分，满分10分。团体预赛前八名获得决赛资格。每队最多有两人参赛。

自由体操

◆ 跳　马

跳马源于罗马帝国末期的骑术训练。初跳真马，后改为与真马外型相似的木马，并配有马鞍。1719年将马腿改为立柱，1795年德国的维斯首先去掉木马的马头，1811年又去掉马尾，将两端改为圆形，马身用皮革包制。1836年德国的施皮

第七章　竞技体育项目

茨在学校体操节首次表演跳马，1877年德国规定跳马必须助跑6步，从正侧两个方向过马和做1~2次支撑动作。马长1.60米，男子跳纵马，马高1.35米，女子跳横马，马高1.20米。

跳马决赛时每队最多有两名运动员参赛，只有在团体赛中跳马成绩排位前八名或前六名者才有参赛资格。跳马只比自选动作，并将运动员团体赛中规定动作与自选动作总得分的二分之一，加上跳马决赛中自选动作的得分，作为最后得分排列名次，得分高者名次列前。男、女满分均为20分。从1992年奥运会起，团体分不带入单项赛，仅以自选动作的比赛成绩确定

跳　马

名次。

男、女跳马分别于1896年雅典奥运会和1952年赫尔辛基奥运会被列为奥运会比赛项目。随着2001年至2004年体操新规则的执行，体操运动员跳马时用的"马"也要换成

205

向你展示肌肉运动之美

单杠

◆ 吊　环

近代的吊环运动起源于法国，这是受杂技演员悬空绳索表演的启发而创造出来的，稍后才传入德国和意大利。1842年德国人施皮斯制作了第一副吊环。早期的吊环动作只有一些摆动动作和简单的悬垂，作为体操训练的辅助手段。19世纪吊环成为独立的男子体操项目，1896年被列为第一届奥运会的比赛项目。吊环的成套动作中，要求动静结合，高难力量性动作和摆动动作巧妙连接。吊环决赛时，每队最多有2名运动员参加，只有在团体赛中吊环排位在前8或前6的运动员才有参赛资格。从1992年奥运会起，团体分不带入单项决赛，以自选动作的比赛成绩确定名次。

新的。新马的马面是一段水平面和一段斜面的连接，总长为1.2米，马内有弓型钢板以增强弹性，新马的宽度为0.9米，男女跳马从外形上完全一样，只是在高度上不同，男用仍为1.35米，女用为1.25米。

在所有体操项目中，吊环是对

第七章　竞技体育项目

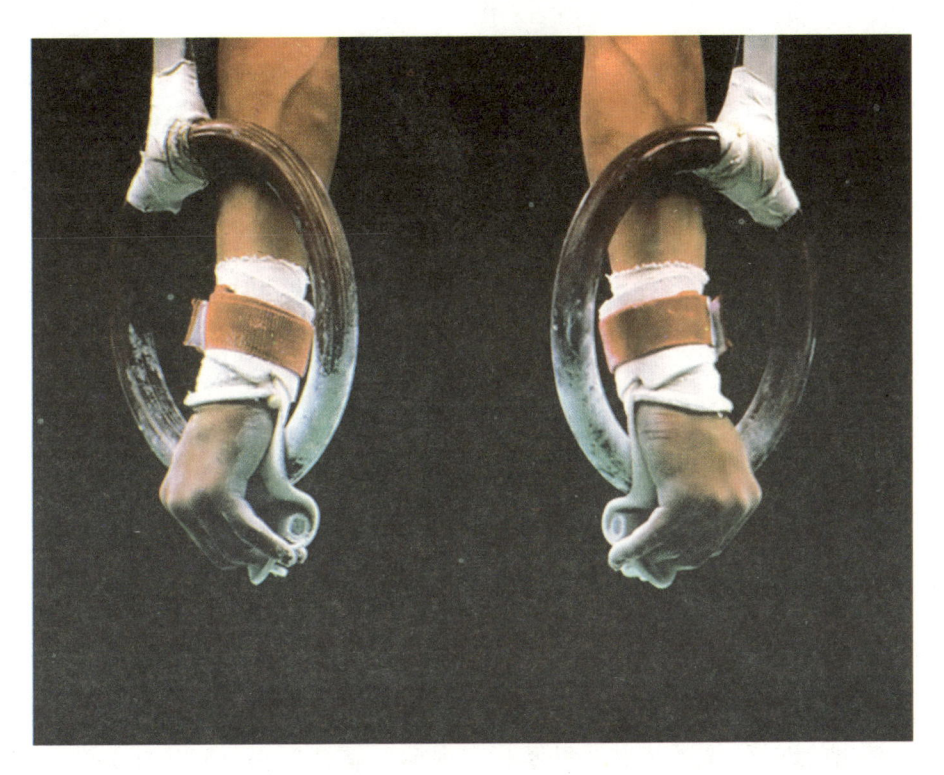

吊环

力量要求最高的项目。两只吊环被吊在离地约2.4米的空中，当然很不稳定，而且比赛中裁判会特别注意运动员是不是能很好地控制吊环使之尽可能稳定。

◆ 单　杠

单杠运动的起源可追溯到人类的祖先原始人在丛林中进行的各种攀登、爬越、摆动、摆荡等活动。在当时那只是一种生活实用技能，后来随着社会的进化就逐步成为一种锻炼身体的手段。进入封建社会以后，它与祭神赛会逐步结合，其中"杠子会""杠子房"就是专门以练杠子为主的民间组织和场所。由于当时的器械采用在两根交叉的木棍上架一横杠，所以民间称之为

207

向你展示肌肉运动之美

"五根棍",这是现代单杠器械的雏形。到清朝嘉庆年间,技术发展就有"上把"(倒立、大回环)"中把"(各种挂膝、挂臂回环和转体)"下把"(各种水平悬垂、上法和下法)等3大类动作,称得上是现代单杠运动的萌芽。

现代单杠起源于德国。18世纪末西欧国家的杂技表演出现抓住钢丝做大回环的动作,受此启发,1811年德国体操家扬在柏林郊外的哈森海德体操场用一根木杠代替杂技演出的钢丝,首次安装了世界上的第一副单杠。1812年将木杠改为铁制,后又改为钢制,杠的弹性和承受力增大。19世纪20年代,单杠成为独立的比赛项目。1896年,单杠被列为奥运会比赛项目。

◆ 双 杠

双杠起源于德国。1811年德国体操家扬在柏林郊外的哈森海德体操场首次安装这种体操器械。最初为体操训练手段,19世纪40年代成为独立的比赛项目。双杠由4根立柱架设两根平行的木制横杠构成。横杠长3.50米,两杠间距及高度可调节。双杠决赛时每队最多两名运动员参赛,只有在团体赛中双杠成绩排位前八名或前六名者才有参赛资格,且只比自选动作,将运动员在团体赛中规定动作与自选动作总得分的二分之一,加上双杠决赛中自选动作的得分,作为最后得分排列名次,得分高者名次列前,满分为20分。从1992年奥运会起,团体分不带入单项赛,仅以自选动作的比赛成绩确定名次。1896年被列为奥运会比赛项目。从2006年使用体操新规则起,得分不设上限。由A分和B分两部分组成。A分为难度分,不设上限。B分是完成分,满分10分。团体预赛前八名获得决赛资格。每队最多有两人参赛。

双杠是男子竞技体操项目之

208

第七章　竞技体育项目

一。早在19世纪初，它就已经成为欧洲流行较广的一种健身器械，后来被德国体操家F.L.杨定型为体操器械。1812年后成为德国体操学派传统的锻炼项目。19世纪中叶，瑞典体操学派的学说流入德国，在瑞典学习过体操的柏林皇家中央体育学校校长H.罗特施泰因认为单杠、双杠对青少年的生理有害，于是把德国传统的单、双杠排除于体操教学之外。1860年前后发生了一场争论，柏林体操联盟的3个人写了反对取消单、双杠的抗议书，医务参事官等19名医生进行了专门的研究，认为双杠运动符合人的生理特点。德国最高医务机关接受了后者的论点，从此双杠在体操运动中才站稳了脚跟。从第一届奥运会起，双杠被列为体操竞赛项目。

双杠

双杠的成套动作按规则规定应该有摆动、摆越、屈伸、弧形摆动、回环、空翻和静止用力等。运动员做成套动作时，必须以摆动和腾空动作为主，也可以有适当的静止和用力动作。20世纪初期，双杠动作中静力性动作较多，以后，摆动动作的比重逐渐增加，在30

向你展示肌肉运动之美

双杠

年代，已有了前摆转体180°成支撑、后空翻成支撑等动作。在1936年奥运会上，德国运动员K.弗赖的自选动作中包括一个后空翻分腿摆越成支撑。到了20世纪50年代和60年代，双杠技术动作又有了新的改进，如幅度加大，前摆转体180°成手倒立、后空翻成手倒立等摆动接静止姿势的动作增多；前摆转体360°成手倒立出现；空翻转体类型下法增加等等。70年代中期，空翻两周下被普遍采用，空翻两周加转体类型的下法也已出现，杠上杠下动作联接幅度也加大了。

50年代以后，日本、意大利、苏联、美国和中国的一些优秀体操运动员，在双杠技术动作上都有不少创新。中国运动员亦擅长双杠的支撑摆动动作，在悬垂类动作上也有提高。在1980年哈特福德国际体操邀请赛上，中国运动员蔡焕宗以后摆经倒立转体360°、前翻成支撑为核心的成套动

第七章　竞技体育项目

作，获得19.75分，夺得双杠冠军；同年在世界杯体操赛中，中国运动员李月久表演了前空翻分腿向后摆越成挂臂撑的独创动作，夺得了双杠冠军。

全　能

◆ 铁人三项

铁人三项运动属于新兴综合性运动竞赛项目。比赛由天然水域游泳、公路自行车、公路长跑三项目按顺序组成，运动员需要一鼓作气赛完全程。

铁人三项起源于美国。1974年2月17日，一群体育官员聚集在夏威夷群岛的一个酒吧里争论：世界上究竟哪一种体育运动项目最具有刺激性、挑战性，最能考验人的意志和体能？他们各抒己见，争论不休。最后，美国海军准将约翰·科林斯提出：谁能在一天之内在波涛汹涌的大海游泳3.8公里，再环岛骑自行车180公里，最后跑完42.195公里的马拉松全程，中途不得停留，谁就是真正的铁人。科林斯的想法得到了大家的支持，于是第二天就有15人参加了比赛，其中还有1位女选手。结果有14人赛完全程，就这样一项挑战自然、战胜自我的新型体育运动项目就在这种充满戏剧性、冒险性的情况下诞生了。该比赛第一名的成绩为11小时46分。该次比赛后人们就把这项一次连续组合完成游泳、自行车和长跑，并在运动员体能、速度和技巧上极富挑战性的综合性体育运动项目称为"铁

211

向你展示肌肉运动之美

人三项"。并追认该次比赛为首届世界铁人三项锦标赛。

美国人认为，最具刺激性、挑战性的体育运动是"铁人三项"；日本人认为，最能体现民族精神的也是"铁人三项"……鉴于铁人三项运动在世界各地发展迅速，奥运会、友好运动会、泛美运动会、英联邦运动会、世界军体大会、亚运会、中国全国运动会都将铁人三项列为正式的比赛项目。铁人三项在1994被年国际奥委会正式列入奥运会大家庭，2000年悉尼奥运会万众瞩目的第一个比赛项目就是女子铁人三项比赛。

铁人三项之游泳

第七章　竞技体育项目

◆ 现代五项

19世纪，一名年轻的法国骑兵军官受命飞骑传信。他踏破险阻，穿越敌阵，迎面遭遇一名挥舞利剑的敌兵。二人比剑决斗，军官获胜，但他跨下的坐骑却被另一名敌兵射杀。军官一枪击毙敌兵，徒步继续向前跑去。他渡过急流，终于将消息送到目的地。这就是传说中现代五项全能运动的起源。

实际上，现代五项是由现代奥运会的创始人顾拜旦，根据那位历尽磨难的法国军官的传说创立的，并成为1912年斯德哥尔摩奥运会的比赛项目。2000年悉尼奥运会又增设女子现代五项项目，为此将男

铁人五项之击剑

向你展示肌肉运动之美

子项目的参赛人数从32人减少到16人，为女子项目留出16人的名额。增设女子项目是近年来这项运动的最新动向。以前，男子项目比赛要花费6天时间，经过商议后，从6天减到了4天，后来从4天改成5天，不久后又改成了4天。但是在1996年亚特兰大奥运会上，一下子又压缩到一天，同时取消了团体比赛。悉尼奥运会将保留这些变化，即不设团体比赛，比赛时间也是一天。

现代五项与好战的斯巴达人的古代五项全能不大相同，它包括射击、击剑、游泳、马术和越野跑。这五项比赛考察的是运动员的耐力和综合素质。

其他类

◆ 举 重

举重是一项很古老的运动。古希腊人曾用举石头来锻炼和测验人的体力，罗马人在棍的两头扎以石块来锻炼体力和训练士兵。中国民族形式的举重活动，早在两千多年前的楚汉时代就有记录（举大刀、石担、石锁等）。

现代举重运动始于18世纪的欧洲，英国伦敦的马戏班常有举重表演。19世纪初，英国成立举重俱乐部。最初杠铃两端是金属球，重量不能调整，比赛以次数决胜负。后来，意大利的阿蒂拉将金属球掏空，通过往球内添加铁或铅块调整质量。1910年伯格将金属球改成重量不同、大小不一的金属片。1891年在伦敦皮卡迪里广场举行首届世界举重锦标赛。

1896年在雅典举行的第一届

第七章　竞技体育项目

举　重

奥运会上，举重被列为正式比赛项目。当时不按运动员的体重分级别，只有单手挺举和双手挺举。在1920年的第七届奥运会上，开始按运动员的体重分成5个级别，并改为单手抓举、挺举和双手挺举。1924年改为单手抓、挺举和双手推、抓、挺举五种。1928年取消单手举，保留了双手举的三种形式。由于推举易使运动员的腰椎受伤，裁判的尺度也难以掌握，因此1972年奥运会举重比赛后，正式公布取消推举。

◆ 射　击

据史料记载，射击运动最早起源于狩猎和军事活动。15世纪，瑞士就曾经举办过火绳枪射击比赛。500多年前，斯堪的纳维亚半岛就兴起了跑鹿射击的游戏活动。19世

215

向你展示肌肉运动之美

纪初期,欧洲一些国家还举行过对活鸽子射击的游戏,这些都是现代射击比赛的雏形。

1896年第一届现代奥林匹克运动会之前,欧洲不少国家已经成立了射击协会等组织,并相继举行过射击比赛。1897年举行了首届世界射击锦标赛。在现代奥运史上,除了1904年第3届奥运会和1928年第8届奥运会外,射击在其余各届奥运会中都是正式比赛项目。从1968年起,允许女子运动员参加奥运会射击比赛,但当时并没有设专门的女子项目,她们可与男子同场竞技。从1984年奥运会起,开始设立部分女子项目,1996年奥运会开始将男、女射击比赛完全分开。

射击项目的基本类别是步枪(射击)、手枪(射击)、跑靶、抛靶(射击)和双向飞碟(射击)。步枪射击姿势有立势,跪势和卧势。步枪和手枪的标准靶由10

射 击

第七章　竞技体育项目

个靶环构成，排列是从1环到10环。最外面的靶环为1分，靶心为10分。射击项目在世界上居于领先地位的国家有中国、美国、俄罗斯和德国等国家。我国射击健儿在奥运会上成绩斐然，在已参加的奥运会中一共获得了14枚金牌。尤其值得一提的是，1984年第二十三届奥运会上，射击运动员许海峰获得冠军，取得了中国奥运史上的第一枚金牌。

◆ 射　箭

射箭是用弓把箭射出并射中预定目标，打在靶上的技艺。射箭比赛的胜负是以运动员射中箭靶目标的环数计算的，命中靶的箭越靠近中心，所得环数越高。远在一万年前的中石器时代，人类就发明了弓箭来狩猎捕鱼。以后很长时间，弓箭又是用于战争的武器之一，现在弓箭作为人们喜欢的体育运动项目存在下来。

射　箭

现代射箭运动最早出现在英国，英格兰约克郡自1673年起举行的方斯科顿银箭赛，延续至今。1787年英国成立皇家射箭协会，成为世界上最早的射箭组织。18世纪初，射箭传入美国，1828年成立费城射箭联合会。1844年举办第一届全英射箭锦标赛。1861年英国射箭协会成立，统一竞赛规程。1879年成立全美射箭协会，同年在芝加哥举行第一届全美射箭比赛。1908年进入奥运会成为正式比赛项目。1931年，以英国和法国为主，成立了国际射箭联合会，同年在波兰的里沃夫举行了第一届世界锦标赛。在世界射箭运动中占优势的国家有美国、俄国、韩国。

◆ 蹦 床

蹦床是一项运动员利用从蹦床反弹中表现杂技技巧的竞技运动，它属于体操运动的一种。蹦床的历史可以追溯到19世纪中叶北美的科曼契印第安人，而在中国马戏团的杂技演员使用类似的蹦床至少也有200年的历史。

现代弹性蹦床的开创者是法国杂技演员特朗波兰，他用麻绳编制成保护网，以加强"空中秋千飞人"的安全，并利用网的弹性将演员抛入空中，完成各种动作。20世纪30年代，美国跳水冠军尼森制作出类似于当今的那种蹦床，用来帮助自己的跳水与翻转训练，后来创办了"尼森蹦床公司"。第二次世界大战期间，美国利用蹦床训练飞行员和领航员的定位技能，取得了良好效果，以后逐渐成为一项运动，在美国的中学、大学广泛开展。1947年美国在得克萨斯州举行首届全国蹦床表演赛，1948年起被列入正式比赛，后传入欧洲。1958年英国开始举行全英蹦床锦标赛，1964年在英国举行首届世界蹦床锦标赛，1969年在法国巴黎举行首届欧洲蹦床锦标赛。1999年，国际蹦

第七章　竞技体育项目

床联合会成为国际体操联合的一个协会,并在2000年第二十七届奥运会成为正式比赛项目,设男、女个人两个项目,每个项目12名运动员参加比赛。

◆ 马　术

马术比赛包括三项赛事:障碍赛、花样骑术和综合全能马术赛(三日赛)。马术比赛需要骑师和马匹配合默契,考验马匹技巧、速度、耐力和跨越障碍的能力。

马术起源于原始人类的生产劳动过程,公元前680年的古代奥运会就设有马车比赛。中国的马术也具有悠久的历史,兴于周代,盛于唐代。现代马术运动始于欧洲。古代为了做到战车所用的马匹在战场上移动的准确性和精确性,常对马匹进行各种技巧和协调性的训练,

马　术

向你展示肌肉运动之美

后来就发展成为马术比赛。1734年美国弗吉尼亚成立查尔列斯顿马术俱乐部，这是世界最早的马术俱乐部。1953年首次举办世界场地障碍马术锦标赛。1966年起举办花样骑术锦标赛。

马术比赛1900年首次进入奥运会，当时只设障碍赛一个项目。1912年，马术比赛扩大为盛装舞步赛、障碍赛和三日赛三项。从1952年起，女骑师被允许参加奥运会的马术比赛，马术也成为奥运会中唯一一个男女同场竞技的比赛项目。作为一个团队，马匹和选手将共同获得奖牌和名次。2005年7月，国际奥委会第117次全会决定2008年奥运会马术比赛将在香港举行。

第八章 民间体育的风采

向你展示肌肉运动之美

　　民间体育作为社会体育的组成部分。在人民群众中广泛流传，有鲜明民族风格和地方特色的传统性的身体锻炼活动。内容丰富，形式多样，自娱自乐，多数项目不受时间、地点、器材的限制。具有娱乐性、趣味性、民俗性、游戏性、表演性、节庆性的特点。

　　中国传统体育项目有太极拳、气功、中国式摔跤、中国象棋、围棋等。太极拳是中国拳术的一种，为"练身""练意""练气"三结合的整体运动。其重点是以意念引导动作，意动身随，动作柔中有刚，拳姿优美。气功是中国独特的一种健身术，通过练功者控制意念、调整呼吸，达到健身、延年、祛病和增强生理功能的目的。在中国少数民族地区，体育运动项目丰富多彩。如蒙古族的摔跤和马术、藏族的赛牦牛、朝鲜族的跳板和荡秋千、苗族的射弩等，既有娱乐性，又有较强的竞技性。

　　在这一章，我们将领略一下民间体育的风采。

第八章　民间体育的风采

医疗体育

◆ 气　功

气功发源地是中国。气功在中国有悠久的历史，有关气功的内容在古代通常被称为吐呐、行气、布气、服气、导引、炼丹、修道、坐禅等等。中国古典的气功理论是建立在中医的养身健身理论上的，自上古时代即在流传。原始的气功一部分称为"舞"，如《吕氏春秋》所说的"筋骨瑟缩不达，故作为舞以宣导之"。春秋战国时期，一部分气功被概括于"导引按跷"之中。中医专著《黄帝内经》记载"提挈天地，把握阴阳，呼吸精气，独立守神，肌肉若一""积精全神""精神不散"等修炼方法。《老子》中提到"或嘘或吹"的吐纳功法。《庄子》也有"吹嘘呼吸，吐故呐新，熊经鸟伸，为寿而已矣。此导引之士，养形之人，彭祖寿考者之所好也"的记载。湖南长沙马王堆汉墓出土的文物中有帛书《却谷食气篇》和彩色帛画《导引图》。《却谷食气篇》是介绍呼吸吐呐方法为主的著作。《导引图》堪称最早的气功图谱，其中绘有44幅图像，是古代人们用气功防治疾病的写照。

气功大致是以调心、调息、调身为手段，以防病治病、健身延年、开发潜能为目的的一种身心锻炼方法。调心是调控心理活动，调息是调控呼吸运动，调身是调控身体的姿势和动作。这三调是气功锻

向你展示肌肉运动之美

炼的基本方法，是气功学科的三大要素或称基本规范。

气功是人们在生产、生活、医疗保健等多种实践中，逐渐总结而形成的。气功疗法与体育疗法有联系又有区别，它可以包括体育疗法，但体育疗法却代替不了气功疗法。肢体运动始终只是气功调心的手段之一，呼吸运动也是为调心服务的，三调是统一的整体，必以调心为核心。内练与外练是结合的，应以内练为主。气功之气是指"内气""真气"，具有更深刻的含义。气功疗法具有综合性的特点，至少它是心理疗法与体育疗法的综合。

◆ 瑜伽

五千年前，在古老的印度，高僧们为求进入心神合一的最高境界，经常僻居原始森林，静坐冥想。在长时间单纯生活之后，高僧们从观察生物中体悟了不少大自然法则，再从生物的生存法则，验证到人的身上，逐步地去感应身体内部的微妙变化，于是人类懂得了和自己的身体对话，从而知道探索自己的身体，开始进行健康的维护和调理，以及对疾病创痛的医治本能。通过几千年的钻研归纳，逐步衍化出一套理论完整、确切实用的养身健身体系、这就是瑜伽。

瑜伽的含意为"一致""结合"或"和谐"。瑜伽就是一个通过提升意识，帮助人类充分发挥潜能的体系。瑜伽姿势运用古老而且易于掌握的技巧，改善人们生理、心理、情感和精神，是一种达到身体、心灵与精神和谐统一的运动方式。古印度人更相信：人可以与天合一，他们以不同的瑜伽修炼方法融入日常生活而奉行不渝：道德、忘我的动作、稳定的头脑、宗教性的责任、无欲无求、冥想与宇宙的自然和创造。

第八章　民间体育的风采

瑜　伽

向你展示肌肉运动之美

近年在世界各地兴起并且大热的瑜伽，并非只是一套流行或时髦的健身运动这么简单。瑜伽是一种非常古老的修炼方法，集哲学、科学和艺术于一身。数千年来，瑜伽的基础建筑在古印度哲学上、心理、生理和精神上的戒律已经成为印度文化中的一个重要组成部分。古代的瑜伽信徒发展了瑜伽体系，因为他们深信：通过运动身体和调控呼吸，可以完全控制心智和情感，并且保持永远健康的身体。

大众体育

◆ 踢毽子

踢毽子，又叫"打鸡"。起源于汉代，盛行于南北朝和隋唐，至今已有两千多年的历史了，是湘、鄂、渝、黔四省边境地区民间传统体育娱乐项目之一，深受该地区青少年儿童的喜爱，尤其是少年女子。清代踢毽的技艺已相当高，也为我国古代妇女所喜爱。清初著名词人陈维崧曾赞美女子踢毽，说女子踢毽比踢足球还巧妙，比下棋还有趣味。

20世纪初，欧美近代体育传入我国以后，踢毽子仍为我国青少年喜爱的体育活动。北京、上海、广东、浙江、河北、湖南、福建、山东等省市都举行过规模较大的踢毽子比赛。1935年，中国第六届全国运动会上，曾把踢毽子列为国术比赛项目。

第八章　民间体育的风采

毽子

◆ 拔　河

拔河诞生于距离今2400年前春秋时期的楚国。楚国地处大江南北，水道纵横，除陆军外，还有一支强大的水军，并曾发明了一种称之为"钩拒"的兵器，专门用于水上作战。当敌人败退时，军士以钩拒将敌船钩住，使劲往后拉，使之逃脱不了。后来钩拒从军中流传至民间，演变为拔河比赛。

古代参加拔河的人数比现在的多得多。大绳正中插一根大旗，旗的两边划两条竖线，称为河界线。比赛时，以河界线为胜负标志，所以改称"钩拒之戏"为"拔河"。一声令下，河界两边选手紧挽绳索，"使相牵引"，围观者"震鼓叫噪，为之鼓劲"。

向你展示肌肉运动之美

拔河曾经是奥运会的比赛项目，是第二届法国巴黎奥运会上开始设置的。但自从第七届比利时安特卫普奥运会后，国际奥委会考虑到拔河缺乏基本的体育比赛条件，因而取消了奥运会的拔河比赛。目前拔河是世界运动会的正式竞赛项目之一，并采用世界正式拔河比赛制度。国际拔河协会每半年举办由各国国家队参加的世界锦标赛，分为室内及室外举行。协会还同样举办由俱乐部队参加的类似比赛。

◆ 风筝

风筝真正的起源，现在已无法证明。有些民俗学家认为，古人发明风筝主要是为了怀念世故的亲友，所以在清明节鬼门短暂开放时，将慰问故人的情意寄托在风筝上，传送给死去的亲友。

风筝，古时称为"鹞"，北方谓"鸢"。大多数的人认为风筝起源于中国，而后广传于全世界，是一种传统的民间工艺品。实际上，中国最早出现的风筝是用木材制作的。春秋战国时，东周哲人墨翟（公元前478—公元前392年），曾研究试制了三年，终于用木板制成了一只木鸟，但只飞了一天就坏了。墨子制造的这只"木鹞"（或"木鸢"）就是中国最早的风筝，也是世界上最早的风筝。

到南北朝，风筝开始成为传递信息的工具。从隋唐开始的，由于造纸业的发展，民间开始用纸来裱糊风筝。到了宋代，放风筝成为人们喜爱的户外活动。宋人周密的《武林旧事》写道："清明时节，人们到郊外放风鸢，日暮方归。""鸢"就指风筝。北宋张择端的《清明上河图》，宋苏汉臣的《百子图》里都有放风筝的生动景象。

另一种说法是在公元前5世纪时，希腊的阿尔克达斯就发明了风

第八章　民间体育的风采

风　筝

筝，可惜后来失传。直到公元13三世纪，意大利人马可波罗从中国返回欧洲后，风筝才开始在西方传播开来。

当今，我国放风筝活动，在对外文化交流、加强与世界各国人民友谊、发展经济和旅游事业中发挥着重要作用。

向你展示肌肉运动之美

◆ 跳 绳

远在距今一千三百多年前的唐朝，就有跳绳这种运动。过去的人称"跳绳"为"跳索"。明朝时，《帝京景物略》中说："二童子引索略地，如白光轮，一童子跳光中，曰：'跳白索'。"

"跳白索"又称"跳百索"；幽州风土吟书中说："太平鼓，声冬冬，白光如轮舞索童，一童舞索一童歌，一童跳入白光中。"这就是现在跳中的母子

跳 绳

第八章　民间体育的风采

跳。另外如宛书杂记里，也有现在我们跳绳中的半回旋跳。

跳绳花样繁多，可简可繁，随时可做，一学就会，特别适宜在气温较低的季节作为健身运动，而且对女性尤为适宜。从运动量来说，持续跳绳10分钟，与慢跑30分钟或跳健身舞20分钟相差无几，可谓耗时少、耗能大的有氧运动。

◆ 呼啦圈

呼啦圈又称健身圈，20世纪50年代流行于欧美、澳日等国。由于其轻便美观，练习活动占地不大，很快成为一项老少皆宜的运动项目。熟练者能获得腰腹肌肉、臀部肌肉、腿部肌肉较好的运动与发展，能有效提高人体腰、髋、膝关节的灵活性、柔韧性。

2001年6月16日，呼拉圈吉尼斯世界纪录保持人罗琳·罗美莉向自我挑战。在台北世贸展览馆，她以同时摇动83个呼拉圈的成绩，成功打破两年前由她自己创下的吉尼斯纪录。

2005年7月，美国一名"吉尼斯专业户"刷新了一项呼啦圈纪录——转动世界上最大的呼啦圈。这个巨型呼啦圈直径达4.5米，比日本人保持的纪录足足宽了30厘米。简单的热身后，弗曼开始了他的挑战。最后他连续转了19圈，轻松打破吉尼斯世界纪录。

2004年5月31日，美国人Ashrita Furman在克林姆林宫外一边跑步一边玩着呼啦圈，他正在创造自己的第80项吉尼斯世界纪录。Furman先生曾在14分40秒内玩着呼啦圈跑完了1200米。

◆ 健美操

健美操集体操、舞蹈、音乐、健身、娱乐于一体，是一项深受广大群众喜爱的普及性极强的体育项目。健美操竞赛项目包括男子单人、女子单人、混合双人、三人

（男三、女三、混合三人）、混合六人（男三、女三）啦啦操等。比赛按性质分锦标赛和冠军赛两类。

健美操起源于1968年。1983年美国举行了首届健美操比赛，1984年首届远东区健美操大赛在日本举行。由于两次大赛的成功，1984年起健美操运动在世界各地全面兴起。每年国际上举办的活动有：健美操世界锦标赛、世界杯赛、世界冠军赛、世界巡回赛。

1987年，北京举办了首届全国健美操邀请赛，随后1988、1989、1990、1991年先后在北京、贵阳、昆明、北京举办了四届邀请赛。1992年起改名为全国锦标赛，成为每年举办的传统赛事。另外，1992、1995年在北京举办了两届全国健美操冠军赛。1998年，举办了全国锦标赛暨全国健美操运动会。

时尚体育

◆ 轮 滑

轮滑又称滚轴溜冰、滑旱冰，是穿着带滚轮的特制鞋在坚硬的场地上滑行的运动。今日多数的滚轴溜冰者主要都使用直排轮，又称刷刷（直排旱冰爱好者对这项运动的别称，来源于溜冰中轮子和地面摩擦时所发出的声音，同时也称溜冰鞋为"刷子"，称在马路上溜冰为"刷街"）。因此直排轮也几乎成为了轮滑运动的代名词。

最早于公元1100年的溜冰鞋是利用骨头装在长皮靴脚掌上帮助猎人也只能在冬天才能进行的打猎的

第八章　民间体育的风采

轮滑鞋

游戏。由苏格兰民族于公元1700年爆炸性的创造了第一双溜冰鞋；他希望能在夏天模拟出冰上溜冰，于是用敲钉的木制的线轴长条林木附上他的鞋子上。在这年年中在爱丁堡组成了第一个溜冰俱乐部。下一款新鞋是在公元1760年出现的，一位伦敦乐器制造商约瑟夫梅林决定制造金属有轮子的长靴。一天他参加化妆舞会，他从入口溜冰进去演奏小提琴。不过在还不知道如何刹车以及如何控制那双附有轮子的鞋子情况下，却撞向了一面价值500英镑的镜子（当时的镜子可比金子还贵）。

1819年，M.Peitibled于法国发明专利中记载了第一双单排滑轮，那双鞋的构造是由2～3个轮子组成一直线，但是这构想却未到达到预期的"流行"以不了了之收场。1863年，美国的詹姆士，发现一途径制造可使用的溜冰鞋。他提出一

233

向你展示肌肉运动之美

双有四轮的溜冰鞋且轮子是并排，溜冰轮鞋可以转弯、前进和向后溜冰。这也就是最传统的溜冰鞋！1884年，发明滚珠承轴的轮子帮助了以后溜冰运动得蓬勃发展。

1995年，ESPN第一届极限运动更把特技单排轮滑运动推向了全世界。特技单排轮滑运动起源于美国，其特技鞋也不同于普通单排轮滑，是在单排轮滑附加了许多配件。最终使单排轮滑更好玩、更刺激。

◆ 滑 板

滑板项目可谓是极限运动历史的鼻祖，许多的极限运动项目均由滑板项目延伸而来。在美国滑板运动的发烧友多达450万之众！由于滑板运动太过惊险、刺激，在20世纪60年代，滑板运动受到政府严令禁止，曾一度沦为"地下项目"。一直到20世纪80年代中期，滑板项目才被政府公开解禁、重见天日，使得这项都市魔幻运动卷土重来。

滑板运动是冲浪运动在陆地上的延伸。前者受地理和气候条件的限制，而后者则有更大的自由度。20世纪50年代，阳光明媚的南加州海滩社区的居民们很快制出了世界上第一块滑板。第二代的滑板诞生于1962年。这是由橡木多层板压制而成的15厘米×60厘米的板面、轮滑转向桥和塑料轮子组成的。1973年，一个叫弗兰克·纳斯沃西的滑板爱好者第一次把聚氨酯轮子安装上他的滑板并取得了意想不到的效果。

滑板运动在今天已成为地球上最"酷"的运动。滑板的技巧主要包括：The AerialL（在滑杆上）、The Invert（在U台上）、THE Ollie（带板起跳），这些技术可说是除了翻板之外最重要的滑板动作。世界上两个重要的滑板国际组织：国际滑板商协会及世界

第八章　民间体育的风采

滑　板

杯滑板赛。

◆ 登　山

登山运动始于18世纪80年代。1786年8月8日，法国医生巴卡罗与石匠巴尔玛结伴第一次登山上阿尔卑斯山的最高峰勃朗峰（海拔4807米）。次年，由青年科学家德·索修尔率领的十九人登山队再度登上勃朗峰，世界登山运动从此延生。因此，项运动首先从阿尔卑斯山区开始，故也称为"阿尔卑斯运动"。

从1786年至1865年间，阿尔卑斯山脉海拔3000~4000米以上的高峰，相继为登山运动员登上，国际登山史上称此一时期为"阿尔卑斯的黄金时代"。19世纪80年代以后，使用各种攀登工具和技术的技术登山日渐推广，其活动地区也从阿尔卑斯低山区转向喜马拉雅高山区。1950年至1964年，世界十四座8000米以上的高峰，包括世界最高峰珠穆朗玛峰在内，相继为

235

向你展示肌肉运动之美

登 山

中、英、美、意、日等十多个国家的登山运动员所征服，国际登山史上称该时期为"喜马拉雅的黄金时代"。1964年后许多登山"禁区"被突破，开始进入从来无人使用过的难险路线攀登7000～8000米以上高峰的新时期。1978年并在喜马拉雅高山区出现不用氧气登上高峰的阿尔卑斯式登山。

中国此项运动始于20世纪50年代。1955年出现第一批登山运动员，1956年建立第一支登山队。1960年和1975年先后两次从东北山脊登上珠穆朗玛峰，并于1975年将一个特制金属测绘觇标竖立在珠峰顶上，准确测出该峰的高度为8848.13米，为国际登山史上首次对世界最高峰高程的确切测量。

第八章　民间体育的风采

1964年，登上最后一座从未有过人迹的8000米以上的希夏邦马峰。在多次登山活动中，登山运动员与科学工作者密切配合，进行了各种高山考察活动。

◆ 攀　岩

攀岩运动是从登山运动中衍生出来的竞技运动项目。攀登时不用工具，仅靠手脚和身体的平衡向上运动，手和手臂要根据支点的不同，采用各种用力方法，如抓、握、挂、抠、撑、推、压等。攀岩时要系上安全带，以免发生危险。

攀岩运动在20世纪50年代起源于苏联，是军队中作为一项军事训练项目而存在的。1974年列入世界比赛项目。进入20世纪80年代，以难度攀登的现代竞技攀登比赛开始兴起，并且引起了广泛的兴趣。1985年在意大利举行了第一次难度攀登比赛。1988年6月国际竞技攀登比赛在美国举行。1989年首届世界杯分阶段在法国、英国、西班牙、意大利、保加利亚和苏联举行。运动员参加各地比赛，最后累计总成绩，进行排名。世界杯攀登比赛每年举行一次。随着攀岩运动的蓬勃发展，国际攀联在各大洲成立委员会，组织洲内地区性大赛。"亚洲攀委会"于1991年1月2日在

攀　岩

向你展示肌肉运动之美

香港成立,第一届亚锦赛1991年12月在香港举行。1993年12月在我国长春举行了第一届亚锦赛。1987年中国登协主办了第一届全国攀岩比赛列入全国比赛项目。

◆ 跳 伞

跳伞运动被世人誉为"勇敢者的运动"。相传,公元1628年,在意大利的一座监狱中,有一位名叫拉文的囚犯,他尝试过撑开雨伞越狱,着地后竟然毫无损伤。但拉文后来又给抓回监狱,他的越狱供词却引起了航空专家的兴趣。1785年,法国的白朗沙尔受这次冒险越狱的启迪,把狗和重物运上半空,然后乘降落伞下降获得成功。1797年,法国的一位飞行员乘气球升上高空,使用自己的降落伞下跳成功。

跳 伞

第八章　民间体育的风采

在翼形伞出现以前，降落伞的一般原理，可见于司马迁《史记·五帝本纪》所记载的舜手持遮阳的圆形斗笠，从着火的粮仓顶上跳下而平安落地的故事。这虽然算不上跳伞，但至少可以说明，早在公元前2000年左右，我国就已经有了跳伞运动的雏形，甚至可以说，中国就是原始降落伞的发源地。

第一个真正从天空跳伞成功的人是法国青年加勒林。1797年10月22日，加勒林在巴黎乘一个巨大的热气球升至100米的天空。他砍断系绳，将气球放走。吊篮脱离气球后，朝地面急速坠落。游览的人们发出一片惊叫。正当人们为他的生命担忧之际，突然连在吊篮上的一块白色大帆布蘑菇般地张开，载着加勒林摇摇摆摆地落在地面。这就是人类跳伞运动的开始。

1911年，俄国退役炮兵中尉克杰尼柯夫发明了世界上第一个能折叠的、固定在人身上的背包式降落伞，经过改进，这种伞就系在飞行员身上，供危急时刻使用。根据不同需要，可使用不同类型的降落伞。

自20世纪初以来，飞艇、飞机广泛用于民航事业和军事方面，降落伞被实际用为飞行人员的救生器具，并逐渐发展为体育活动。

◆ 滑翔伞

从古至今，人类在不停地探索能够像鸟儿一样自由自在飞翔的方法，随着科技的进步和现代航空技术的发展，人类发明了各种飞行工具，滑翔伞就是其中一种。因为新奇、刺激而且又没有太大的体力限制，在短短数年之间迅速风靡了世界各地。

滑翔伞是一项不需要付出许多体力的体育运动，全套器材仅重约20公斤。滑翔伞是自由飞行器，通

向你展示肌肉运动之美

常从高山斜坡起飞，也可以通过牵引方式起飞。滑翔伞用双脚起飞和着陆，所使用的器材与飞机跳伞使用的降落伞有很大区别。当代的滑翔伞可以爬升到海拔4000米以上，最大直线飞行距离已经突破400千米。出于飞行理念的不同，滑翔伞可以分为休闲滑翔、竞技滑翔和特技滑翔三个领域。

据说滑翔伞最初是起源于阿尔卑斯山区登山者的突发奇想。1978年，一个住在阿尔卑斯山麓沙木尼的法国登山家贝登，用一顶高空方块伞从山腰起飞，成功地飞到山下。一项新奇的运动便形成了，1984年来自沙木尼的费龙从自朗峰上飞出，滑翔伞才在一夕之间声名大噪，迅速在世界各地风行起来。

滑翔伞

第八章　民间体育的风采

由于该项运动独特的刺激性，在欧美国家广泛的普及，仅在欧洲，滑行伞飞行者已有300多万人，在我国也已成为广大航空运动爱好者向往、追求和迷恋的体育运动。中国航空运动协会滑翔伞委员会正式注册的选手已达800多人，经常飞行的爱好者无法计数。目前我国滑翔伞运动俱乐部已有50多家。

◆ 健　美

健美在19世纪之前并没有真正出现过；直到19世纪晚期，普鲁士人尤金·山道开始推广这项运动。他被称为"现代健美之父"。由于他让观众在"肌肉展示表演"中得以欣赏他的体格，而被誉为该项运动的先驱。尽管观众们在看到一个塑造完美的体型中感到了震撼，但人们一般把身体展示作为力量展示和摔跤比赛的一部分而已。山道通过他的经纪人弗洛伦茨·齐格菲尔德在这些展示和赛事周围搭建了可以展示体塑的舞台，并获得极大的成功。

1904年1月16日，首届大规模的健美比赛在美国纽约的麦迪逊广场举行。获胜者是阿尔·特雷劳尔，因而获得"全世界体格塑造最完美的男人"的头衔，特雷劳尔赢得一千美元奖金。20世纪20年代，《肌肉发达法》《力的秘诀》等颇具影响的专著从理论上肯定了健美运动的作用。从20世纪30年代起，在一些欧美国家，健美表演逐渐变成一项竞技比赛——健美比赛，并扩展到世界各地。20世纪40年代初，加拿大人本韦德兄弟周游90多个国家和地区，宣传推广健美运动，于1946年创建了国际健美联合会，并商定和推行国际性健美比赛的组织、规则、裁判、奖励等事项。

健美的"黄金时期"一般是指从1940年左右一直到1970年。在这段时期中，早期审美观开始发生变

化，人们追求更加庞大的肌肉，对肌肉的对称性和轮廓清晰度提出更高要求。1950年，另一个名为国家业余健美协会（NABBA，National Amateur Bodybuilders Association）开始在英国举办"NABBA宇宙先生"的比赛。1965年，又一个重大赛事"奥林匹亚先生"开始举办。目前"奥林匹亚先生"是健美界最顶级的赛事。

娱乐体育

◆ 桥 牌

桥牌是用英文Bridge（桥）的名字来称呼扑克牌的玩法，来源于英国莱斯特郡的一座古老的桥梁。现代桥牌被称为定约桥牌，是由一种叫"惠斯特"的纸牌游戏发展来的。桥牌比赛是在土耳其伊斯坦布尔由俄国的移民们以"俄国四人牌"的名字开始的。住在莱斯特郡的两家人，因为喜欢这种比赛，每天晚上轮流到对方家中去比赛，在他们两家之间有一座必经的、但有坍塌危险的旧桥，夜晚过桥就更危险。经过此桥去打牌的那家人回来后总是发出如释重负的叹息，"唉呀，谢天谢地，明天晚上该转到你的桥（牌）了"。这句话就成了口头禅。以后，不知什么时候，干脆就成了"桥牌"。

打桥牌的乐趣主要在于少靠运气、多凭智慧而赢牌。在打牌过程中，要运用很多数学、逻辑学的知识，计算和记忆能力在桥牌中非常重要。桥牌作为一种高雅、文明、

第八章　民间体育的风采

竞技性很强的智力性游戏，以它特有的魅力而称雄于各类牌戏，风靡全球。目前桥牌已经成为2002年冬季奥运会表演项目和2007年全国大学生运动会正式比赛项目。

◆ 围　棋

围棋是中华民族传统文化中的瑰宝，它体现了中华民族对智慧的追求，古人常以"琴棋书画"论及一个人的才华和修养，其中的棋指的就是围棋。围棋棋盘标准正方形，由纵横各19道条线垂直、均匀相交而成，构成一幅对称、简洁而又完美的几何图形。如果久久凝视棋盘，会产生一种浑然一体，茫然

桥　牌

无际的感觉。犹如仰视浩瀚苍天,如俯瞰寥廓大地。中国围棋大师吴清源考证说:围棋其实是古人一种观天工具。棋盘代表星空,棋子代表星星。

围棋,在我国古代称为弈,在整个古代棋类中可以说是棋之鼻祖,相传已有4000多年的历史。据《世本》所言,围棋为尧所造。晋张华在《博物志》中亦说:"舜以子商均愚,故作围棋以教之。"舜是传说人物,造围棋之说不可信,但它反映了围棋起源之早。

春秋、战国时期,围棋已在社会上广泛流传了。南北朝时期玄学兴起,导致文人学士以尚清谈为荣,因而弈风更盛,下围棋被称为"手谈"。上层统治者也无不雅好

围　棋

第八章　民间体育的风采

弈棋，他们以棋设官，建立"棋品"制度，对有一定水平的"棋士"，授予与棋艺相当的"品格"（等级），当时的棋艺分为九品。

唐宋时期，由于帝王们的喜爱以及其他种种原因，围棋得到长足的发展，对弈之风遍及全国。这时的围棋，已不仅在于它的军事价值，而主要在于陶冶情操、愉悦身心、增长智慧。弈棋与弹琴、写诗、绘画被人们引为风雅之事，成为男女老少皆宜的游艺娱乐项目。明清两代，流派纷起，棋艺水平得到了迅速的提高。

今日，中国、日本、韩国的围棋水平都很高。在亚洲，围棋爱好者有数千万人，在欧美国家也有不少人会下围棋。

◆ **中国象棋**

据我国古代传说，象棋是舜发明的。舜的弟弟象很坏，好几次想害死舜（《孟子》中曾有记载）。后来舜把他幽禁起来，又怕他寂寞，就制了象棋给他做文娱活动。象棋的"象"字，就代表舜的弟弟。这传说已证明不可信，但据常任侠先生根据王国维氏的一些考据而推断，从这个传说中可以推想到象棋传入我国的路线，他认为象并不是舜的亲弟弟，而是我国以南产象地区（如缅甸等地）的领袖。象与舜曾结成兄弟同盟而战胜其他民族，但后来两人又发生冲突。很可能象棋是从印度经过泰、缅等地而传入中国。

中国象棋具有悠久的历史。战国时期，已经有了关于象棋的正式记载，如：《楚辞·招魂》中有"蓖蔽象棋，有六簿些；曹并进，遒相迫些；成枭而牟，呼五白些。"由此可见，远在战国时代，象棋已在贵族阶层中流行开来了。据上述情况及象棋的形制推断，象棋当在周代建朝（公元前11世纪）前后产生于中国南部

向你展示肌肉运动之美

的氏族地区。

象棋于北宋末定型成近代模式：32枚棋子，黑、红棋各有将（帅）1个，车、马、炮、象（相）、士（仕）各2个，卒（兵）5个。

元明清时期，象棋继续在民间流行，技术水平不断得以提高，出现了多部总结性的理论专著，其中最为重要的有《梦入神机》《金鹏十八变》《桔中秘》《适情雅趣》《梅花谱》《竹香斋·象棋谱》等。

1956年，象棋成为国家体育项目。以后，几乎每年都举行全国性的比赛。1962年成立了中华全国体育总会的下属组织——中国象棋协会，各地相应建立了下属协会机构。50多年来，由于群众性棋类活动和比赛的推动，象棋棋艺水平提高得很快，优秀棋手不断涌现，其中以杨官璘、胡荣华、柳大

中国象棋

第八章 民间体育的风采

华、赵国荣、李来群、吕钦、许银川等最为著名。

◆ 国际象棋

国际象棋（又称西洋棋，旧称万国象棋）是世界上最古老的搏斗游戏之一，和中国的围棋、象棋和日本的将棋同享盛名。一般认为，在公元500年之前，在印度北部就有了这类游戏。据多数史学家认为，国际象棋从印度逐渐传到中亚细亚、中国、波斯和欧洲。

15世纪末，国际象棋规则在欧洲起了一个自然而然的变化。其中最重要的变化是后从依附于王而变成在棋盘上极具威慑力量的角色。另外，兵起步时可以选走两格，象可以在斜线上自由行走以及王能够和车易位。这些变化可以说已经和今日世界上159个国家和地区所开展的国际象棋走法十分接近了。

在前苏联和接过前苏联"国际象棋王国"旗帜的俄罗斯，国际象棋是国家体育，被奉为"国棋"，比足球更受人喜爱。由于国家和群众的大力推动，自20世纪40年代以来，前苏联特级大师们或多或少地控制了世界国际象棋的棋坛，因此他们的优势很快受到了英国、美国等西方国际象棋强国的挑战。

国际象棋几乎就是融艺术、科学、知识和灵感为一炉的一种游戏。分析对局时是一种逻辑的实验使用，而在攻王的战斗中和战略问题运筹的时候，就需要有一种创造性的灵感。国际象棋招法多变，趣味横溢，对于开发少年儿童的智力，更具有极好的效果。因此，目前世界上已有不少国家把国际象棋列入小学课程。

◆ 跳 棋

跳棋在我国是一项老少皆宜、流传广泛的益智型棋类游戏。由于

向你展示肌肉运动之美

国际象棋

其规则简单,一玩就懂,一辈子都不会忘,所以几乎每个人从小到大都下过跳棋。

跳棋大约在维多利亚时代(约1880年)发明跳棋Halma,(希腊文"跳跃"),最初的棋盘是正方形的,共有256格,开始时棋子分布在四个角落,以最快跳到对角为目标,规则和现在的中国跳棋类似。不久就有人改成星形棋盘,由一间德国公司Ravensburger取得专利,称为Stern-Halma。20世纪30年代起在美国开始流行,并改了Chinese Checkers(中国跳棋)的名字。当这种棋子传到中国时,称为波子棋,实质上跳棋并不是起源于中国。

一局跳棋,可以分为开局、中盘、收官三个阶段。开局:一般指的是从双方棋子的出动到子的初步

第八章 民间体育的风采

相互接触为止的过程，一般在10步棋以内；中盘：是指双方的子力纠缠在一起，争夺出路，同时又给对方设置障碍的阶段；收官：是双方的棋子基本分开，各自按自己的方式尽快进入对面的阵地。

"相邻跳"：棋子的移动可以一步步在有直线连接的相邻六个方向进行，如果相邻位置上有任何一方的一个棋子，该位置直线方向下一个位置是空的，则可以直接跳到该空位上，跳的过程中，只要相同条件满足就可以连续进行。

"等距跳"：棋子的移动可以一步步在有直线连接的相邻六个方向进行，如果在和同一直线上的任意一个空位所构成的线段中，只有一个并且位于该线段中间的任何一方的棋子，则可以直接跳到那个空位上，跳的过程中，只要相同条件

跳　棋

满足就可以连续进行。

　　游戏参与人数不能是1个或5个人。4人或6人时,一方的对角必须是另一方。3人时,一方的对角不能是另一方。以完全占领对角阵地的走子次数决定胜负、名次。30步内必须将自己的所有子移出自己的角,否则算负。